CHRISTINE EGGER

Weihnachten
IM GLAS

Schnelle Rezepte
FÜR KUCHEN & DESSERTS

Mit Fotos von Theresa Schrems

Pichler

INHALT

Vorwort 9

Praktisches 10

Gläser 10
Kleines Küchenglossar
  Deutschland/Österreich 11
Verwendete Küchen-
  begriffe 11
Abkürzungen 11

Grundrezepte und Dekoideen 13

Zwetschkenröster
  (Zwetschgenragout) 14
Marillenröster
  (Aprikosenragout) 15
Apfelmus 16
Holunderblütenmus 1 17
Holunderblütenmus 2 17
Vanillekipferl 18
Lebkuchenteig 19
Schokoladensauce 1 20
Schokoladensauce 2 20
Karamellsauce 21
Glühwein 23
Haselnusszwieback 24
Granola 25

Warme Desserts im Glas 27

Lebkuchenauflauf 28
Kaiserschmarren 30
Rumtopf mit Gewürz-
  traminerschaum 31
Bratapfel mit Zimtsabayon 33
Cookieauflauf mit Vanille-
  parfait und Karamellsauce 34
Gratinierte Weichseln
  mit Kardamom 35
Apfelstrudel 36
Heiße Schokolade 38
Schokogermteigauflauf mit
  Weichseln 39
Birnen-Nougat-Soufflé-
  pudding 41
Couscous mit Honig und
  Berberitze 42
Topfen-Pistazien-Auflauf 43
Zwetschken-Mohn-Auflauf 44
Ricotta-Heidelbeeren-
  Auflauf 47
Schoko-Orangen-Traum 48

Kuchen im Glas — 51

Topfen-Dirndl-Kuchen	52
Kärntner Reindling	54
Brownies	55
Marmorgugelhupf	57
Gewürzkuchen mit Datteln und Rosinen	58
Becherkuchen	60
Mohn-Powidl-Kuchen	61
Kürbiskernölkuchen	63
Karottenkuchen mit Gervaiscreme	64
Bananenkuchen	66
Maronikuchen mit Canache	67
Früchtebrot	69
Linzer Torte	70
Red Velvet	71
Cheesecake mit Weichseln	72
Ribiselkuchen	74
Glühweinkuchen	75

Kalte Desserts im Glas — 77

Lebkuchen-Tiramisu	79
Vanillekipferlmousse	80
Zimtpassion	82
Weiße Kaffeecreme	83
Espresso-Mascarpone-Creme	84
Mascarpone-Kakao	87
Mascarponecreme mit Tonkabohne	88
Mascarpone-Mango-Creme mit Bourbonvanille	89
Joghurt mit Früchten und Granola	90
Apfelstrudel-Dessert	92
Marmorierte Grießcreme mit Zwetschkenröster	93
Granatapfel-Grieß-Mousse	95
Crispy Nougat-Birnen-Creme	96
Besoffene Liesl	98
Zitronencreme mit Heidelbeeren	100
Brombeer-Vanille-Dessert	101
Cheesecake mit karamellisierten Beeren	102
Mascarpone-Gervais-Creme mit Karamellnüssen	104
Weißer Traum	105
Schokolade-Chili-Mousse	107

Geschenke aus dem Glas — 109

Haselnussmuffins	110
Granola	113
Cookies	114
Cookies mit Brezeln und Karamell	116
Haferflockenbusserl	117
Sesamcrackers	118
Glühweingewürz	120
Früchtelebkuchen	121
Cornflakes-Crackers	122

Register — 124

KUCHEN & DESSERTS IM GLAS
Vorwort

BACKEN, BACKEN, BACKEN. Das ist meine große Leidenschaft. Und die will ich gerne mit Ihnen teilen! Ich finde nämlich überhaupt, es wird zu wenig gebacken. Im Ernst. Es gibt doch nichts Köstlicheres, als den Duft von Selbstgebackenem in den eigenen vier Wänden. Angst vor dem Versagen ist bei den nachfolgenden Rezepten übrigens fehl am Platz. Es muss ja nicht immer kompliziert sein, wie Sie gleich sehen werden. Stundenlanges Zubereiten ist nämlich nicht Voraussetzung für guten Geschmack und wahren Genuss. Sogar zu Weihnachten kann es einfach und zeitsparend gehen!

Dabei kommt der Trend von warmen und kalten (Süß-)Speisen in Gläsern gerade richtig. Sie sind rasch zuzubereiten und schmecken köstlich. Schichtweise eingefüllt und mit origineller Deko vollendet, sind diese Desserts immer eine Augenweide.

Sensationell sind auch Geschenke im Glas! Entweder mischt man aromatische Grundzutaten als „schnelle Basis" und oder man verschenkt fertig zubereitetes Süßes. Schön verpackt sorgen die selbst gezauberten Kreationen für große Freude – und der Wow-Effekt ist garantiert!

Ihnen wünsche ich viel Freude beim Ausprobieren der Rezepte und gutes Gelingen!

Ihre
Christine Egger

PRAKTISCHES
Grundlegende Tipps

Gläser

Für **warme Desserts** und **Kuchen** verwendet man am besten hitzebeständige Gläser. Hat man einmal kein Glas zur Hand, kann man auch mit anderen backofengeeigneten Behältnissen wie Tassen oder Souffléformen arbeiten – nur geht dann eben die „Sichtbarkeit" des schönen Backergebnisses verloren. Möchte man Kuchen verschenken, eignen sich Gläser mit fest verschließbarem Deckel.
Für **kalte Desserts** kann man beliebige Gläser verwenden. Um abschätzen zu können, wie viele Portionen sich ergeben, genügt es, die jeweilige Gesamtmenge auf die verwendeten Gläser umzurechnen. Für das Abfüllen der Cremen empfiehlt sich die Verwendung eines Dressiersacks, damit die Gläser sauber bleiben. Auch ein Trichter mit großer Öffnung (wie zum Marmeladeabfüllen) funktioniert recht gut.
Bei den **Geschenken aus dem Glas** ist es wichtig, dass die Zutaten farblich gut abgestimmt ins Glas gefüllt werden. Ebenso muss man darauf achten, die Zutaten gut festzudrücken, damit die Schichten exakt bleiben.

Kleines Küchenglossar Deutschland/Österreich

APRIKOSEN	Marillen	PFANNKUCHEN	Palatschinken
BUSSERL	kleine Häufchen, unregelmäßige Kekse	PUDERZUCKER	Staubzucker
		QUARK	Topfen
		RÖSTER	dickliches Kompott aus Zwetschken, Aprikosen etc.
EIGELB	Eidotter		
EIWEISS	Eiklar		
HEFE	Germ	(SCHLAG)SAHNE	Obers, Schlagobers
JOHANNISBEEREN	Ribiseln	SAUERKIRSCHEN	Weichseln
KORNELKIRSCHE	Dirndl	SAURE SAHNE	Sauerrahm
PANIERMEHL	Semmelbrösel	ZWETSCHGEN	Zwetschken

Verwendete Küchenbegriffe

ABLÖSCHEN: Das Produkt in der Pfanne nach dem Röstvorgang mit Flüssigkeit übergießen.
ABRIEB: Die Schale von Zitrusfrüchten wird mit einer feinen Küchenreibe abgerieben.
BACKDAUER: Jedes Gerät arbeitet unterschiedlich, daher sind die Angaben Richtwerte und individuell gegebenenfalls etwas anzupassen.
BACKTEMPERATUR: Bei den Rezepten im Buch wird stets vom vorgeheizten Backrohr ausgegangen.
REDUZIEREN: Flüssigkeit einkochen lassen.
VANILLEZUCKER: Am besten selbst gemacht. Feinen Kristallzucker mit einer ausgekratzten Vanilleschote in ein fest zu verschließendes Glas geben und mindestens eine Nacht lang ziehen lassen. Dieser Vanillezucker ist über Monate haltbar. Außerdem kann dieselbe Vanilleschote immer noch für Vanillesauce verwendet werden.
ZESTEN: Die Schale von Zitrusfrüchten wird mit einem Zestenreißer in feinen Streifen abgezogen oder, alternativ, zuerst dünn mit einem Sparschäler abgezogen und dann mit einem Messer in kleine Streifen geschnitten.
ZITRONEN, ORANGEN & CO: Für Abrieb, Zesten usw. immer unbehandelte bzw. biologisch gezogene Früchte verwenden.

Abkürzungen im Buch

EL	Esslöffel
KL	Kaffeelöffel
MSP.	Messerspitze
PR.	Prise
TK	Tiefkühlprodukt
TL	Teelöffel

Grundrezepte
UND DEKOIDEEN

Zwetschkenröster (Zwetschgenragout)

Marillenröster (Aprikosenragout)

Apfelmus

Zweierlei Holunderblütenmus

Vanillekipferl

Lebkuchenteig

Zweierlei Schokoladensauce

Karamellsauce

Glühwein

Haselnusszwieback

Granola

ZWETSCHKENRÖSTER
(ZWETSCHGENRAGOUT)

Schmeckt wie bei Oma

ZUTATEN
200 g Zwetschken
40 g Kristallzucker
6 cl Inländerrum
1 Zimtrinde
5 Gewürznelken

ZUBEREITUNG
Zwetschken waschen, vierteln und entkernen. Mit Zucker, Rum, Zimtrinde und Gewürznelken zum Kochen bringen und so lange kochen, bis die Zwetschken weich sind.
Von der Herdplatte nehmen und auskühlen lassen.

Tipp
Gewürze am besten in einen Kaffee- oder Teefilter geben, damit sie nach dem Kochen leicht wieder entfernt werden können. Sie sollten maximal 2 Stunden ziehen, sonst werden sie bitter.

MARILLENRÖSTER (APRIKOSENRAGOUT)

Köstliche Dessertvollendung

ZUBEREITUNG

Aprikosen waschen, entkernen und in Viertel schneiden. Mit dem Zucker, Rum, Wasser, der Zimtrinde und den Nelken zum Kochen bringen und so lange kochen, bis der Röster eine cremige Konsistenz aufweist und die Aprikosen weich sind.

Tipp

Bei Lagerung im Kühlschrank ist der Röster bis zu einer Woche haltbar. Oder man füllt ihn gleich heiß in saubere Gläser, verschließt ihn fest – dann ist er gekühlt mehrere Wochen haltbar.

ZUTATEN

250 g Marillen / Aprikosen, frisch
50 g Zucker
2 cl Rum
50 ml Wasser
1 kleine Zimtrinde
2 Gewürznelken

APFELMUS
Erfrischend gut

ZUTATEN
400 g Äpfel
1 Stk. Zimtrinde
2 Gewürznelken
100 ml Wasser
1 Zitrone (Saft)
Zucker nach Belieben

ZUBEREITUNG
Äpfel sauber waschen, mit dem Kerngehäuse vierteln. Alle Zutaten zusammen zugedeckt zum Kochen bringen, bis die Äpfel weich sind. Danach die gedämpften Apfelspalten mit einem Passiersieb (oder Sieb und Schöpflöffel) passieren.
Vom Apfelwasser je nach gewünschter Konsistenz dazugeben und nach Belieben zuckern.

Tipp
Die Äpfel bleiben ungeschält, weil das Pektin im Kerngehäuse dazu beiträgt, das Apfelmus dicker zu halten.

HOLUNDERBLÜTENMUS 1
Einfach und schnell

ZUBEREITUNG
Sahne aufschlagen und Holunderblütensirup untermischen.

ZUTATEN
100 ml Sahne
2 cl Holunderblütensirup

HOLUNDERBLÜTENMUS 2
Flaumiger, etwas mehr Aufwand

ZUBEREITUNG
Gelatine in kaltem Wasser einweichen. Sahne aufschlagen. Eiweiß mit Zucker schaumig schlagen.
Gelatine ausdrücken und im Sirup leicht erwärmen und auflösen. In das aufgeschlagene Eiweiß einrühren.
Die Schlagsahne mit einem Schneebesen einrühren.

ZUTATEN
100 ml Sahne
1 Eiweiß
30 g Zucker
2 cl Holunderblütensirup
1 Blatt Gelatine

VANILLEKIPFERL
Zuerst knusprig, dann zart

ZUTATEN
300 g Mehl
250 g Butter
100 g Puderzucker
80 g braune Mandeln, gerieben
80 g Haselnüsse, gerieben
1 Eigelb
1 EL Vanillezucker
1 Pr. Zimt

300 g Puderzucker zum Bestreuen
1 Vanilleschote (Mark)

ZUBEREITUNG

Für den Vanillepuderzucker das ausgekratzte Mark der Vanilleschote mit 300 g Puderzucker vermischen und ziehen lassen.

Kalte Butter in Würfel schneiden. Mit dem Puderzucker durchkneten. Das Ei in Eigelb und Eiweiß trennen. Zimt und Vanillezucker zur Buttermischung geben und mit Mandeln, Haselnüssen und Eigelb rasch zu einem Teig kneten. Den Teig mindestens 1 Stunde im Kühlschrank rasten lassen.

Danach den Teig nochmals kurz durchkneten, dann gleichmäßige Rollen mit einem Durchmesser von ca. 2 cm formen. Von dieser Rolle Scheiben mit je 1 cm Dicke abschneiden. Die einzelnen Scheiben mithilfe von etwas Mehl zu ca. 5 cm langen fingerdicken Stäbchen rollen, dann zu Kipferln formen. Auf ein mit Backpapier ausgelegtes Backblech wegsetzen und ca. 10 Minuten bei 170 °C goldbraun backen.

Aus dem Backrohr nehmen und sofort mit Vanillepuderzuckergemisch anzuckern.

Tipp
Ich persönlich wälze die Kipferl nicht im Vanillepuderzucker, weil dabei zu viele brechen und es lange dauert – und man außerdem noch mehr Zucker benötigt.
Ich gebe den Vanillepuderzucker in ein Sieb, siebe ihn über die fertig gebackenen Vanillekipferl. Dabei halte ich das Backpapier fest und schwenke das Blech so, dass auch die Unterseite der Vanillekipferl mit dem Zucker in Berührung kommen.

LEBKUCHENTEIG
Selbst gemacht ist er unwiderstehlich

ZUBEREITUNG
Alle Zutaten zu einem Teig kneten. Zu einer Rolle formen und für mindestens 1 Stunde in den Kühlschrank geben.

Danach 5 mm dick ausrollen und in der gewünschten Form und Größe ausstechen. Auf ein mit Backpapier ausgelegtes Backblech wegsetzen.

Bei 170–180 °C ca. 10 Minuten backen.

Tipp
Soll der Lebkuchen schön glänzen, kann man ihn vor dem Backen dünn mit Milch bestreichen.

ZUTATEN
300 g Roggenmehl
2 Eier
180 g Kristallzucker
2 EL Honig
20 g Lebkuchengewürz

SCHOKOLADENSAUCE 1
Ruck-zuck-Sauce

ZUTATEN
100 g Kuvertüre
100 g Sahne

ZUBEREITUNG
Kuvertüre in kleine Stücke hacken. Sahne aufkochen. Kuvertüre dazugeben und vom Herd nehmen. So lange rühren, bis sich die Kuvertüre aufgelöst hat.

SCHOKOLADENSAUCE 2
Fettärmere Variante

ZUTATEN
100 g Kuvertüre
30 g Kristallzucker
60 ml Wasser

ZUBEREITUNG
Kuvertüre in kleine Stücke hacken. Wasser mit Zucker aufkochen. Von der Hitze nehmen und die gehackte Kuvertüre einrühren.

Tipp
Zur Geschmacksabrundung einen kleinen Schuss Rum oder Grand Marnier dazugeben. Wenn Kinder mitessen, natürlich ohne Alkohol. Eventuell auch etwas Zimt oder Vanillemark dazugeben.

KARAMELLSAUCE
Meine Lieblingssauce

ZUBEREITUNG

Zucker mit Wasser zum Kochen bringen und so lange kochen, bis er karamellbraun ist. Den Karamell vom Feuer nehmen und sehr rasch mit der Sahne und der Milch aufgießen bzw. ablöschen. Jetzt nochmals aufkochen und zur Seite stellen.

Die Karamellsauce auskühlen lassen, um die richtige Konsistenz festzustellen. Ist sie zu weich, noch etwas reduzieren lassen. Sollte die Sauce zu fest sein, mit etwas Sahne verlängern.

Tipp
Für die Zubereitung benötigt man einen sehr großen Topf, da der Karamell beim Ablöschen stark aufschäumt.

ZUTATEN
100 g Zucker
30 ml Wasser
60 g Sahne
60 g Milch

GLÜHWEIN
Für kalte Winterabende

ZUBEREITUNG

Den Rotwein mit den Gewürzen aufkochen. Von der Orange und der Zitrone jeweils 2–3 Streifen von der Schale abschneiden und ungefähr 15 Minuten im Rotweingemisch zugedeckt ziehen lassen.

Tipp

Wer mag, kann dieses Rezept auch mit Weißwein oder Apfelmost zubereiten. Oder als alkoholfreie Variante: mit rotem oder weißem Traubensaft.
Ein hübsche Geschenkidee ist ein selbst zusammengestelltes Glühweingewürz. Rezept siehe S. 120.

ZUTATEN

200 ml Rotwein
1 Orange
1 Zitrone
50 g Zucker
4 Zimtstangen
3 Gewürznelken
1 Pr. Kardamom

HASELNUSSZWIEBACK
Leichte Nascherei auf Vorrat

1 Kastenform
(halbhoch befüllt)

ZUTATEN
120 g Eiweiß
(= ca. 4 Stk.)
120 g Kristallzucker
120 g ganze Haselnüsse,
ungeschält
120 g Mehl

Ich mag diesen Zwieback, weil er so vielfältig einsetzbar ist. Als Dekor für Desserts oder einfach so zum Knabbern. Das Rezept habe ich übrigens von meiner Mama ... Im „Schwarzen Kameel" haben wir die Variante mit Walnüssen gerne in die Geschenkkörbe gegeben.

ZUBEREITUNG
Eiweiß mit Zucker schaumig schlagen. Mehl und Haselnüsse einrühren. Diese Masse in eine mit Backpapier ausgekleidete Kastenform füllen. Glatt verstreichen.
Bei 160 °C Ober-/Unterhitze ca. 40 Minuten backen.
Nach dem Backen aus der Form stürzen und auskühlen lassen – am besten über Nacht.

Nun mit einem Messer, noch besser wäre mit einer Aufschneidemaschine, ganz dünne Scheiben von dem Block abschneiden. Backblech oder Backgitter mit Backpapier belegen und die geschnittenen Blätter eng nebeneinander auflegen.
Nochmals für ungefähr 10 Minuten ins 160 °C heiße Backrohr geben, bis die Scheiben goldbraun und knusprig sind. Auskühlen lassen.

Den Zwieback am besten in einer Dose luftdicht verschlossen lagern. So ist er mindestens 1 Monat haltbar (wenn er nicht vorher schon weggenascht wurde).

Tipp
Man kann den Haselnusszwieback auch auf Vorrat backen und einfrieren, bevor er weiterverarbeitet wird.
Das Praktische ist, wenn ich Eiweiß übrig habe (und zwar egal wie viele), kann ich diese abwiegen und dann alle Zutaten gleich schwer nehmen und wie oben zubereiten. Die Nüsse jedenfalls immer im Ganzen, ob Mandeln, Walnüsse, Haselnüsse ...

GRANOLA
Basisrezept

ZUBEREITUNG

Alle Zutaten gemeinsam in einer beschichteten Pfanne so lange erhitzen, bis der Zucker schmilzt und sich Röstaromen bilden. Die Granola auf ein Backtrennpapier geben und auskühlen lassen.

Tipp

Granola ist bei mir immer im Haushaltsschrank – aber nur selbst gemacht. Es passt perfekt zum Frühstücksjoghurt oder auf cremige Desserts im Glas. Es ist so vielfältig und schnell einsatzbereit. Diese Rezeptvariante passt gut zu sommerlicheren Süßspeisen. Wer gerne Trockenfrüchte mag, dem sei das Granola von S. 113 ans Herz gelegt.

ZUTATEN

70 g Haferflocken
100 g Walnüsse, ganz
100 g Rohrohrzucker
Zimt, Kardamom
30 g Sesam, hell

Warme Desserts
IM GLAS

Lebkuchenauflauf

Kaiserschmarren

Rumtopf mit Gewürztraminerschaum

Bratapfel mit Zimtsabayon

Cookieauflauf mit Vanilleparfait
und Karamellsauce

Gratinierte Weichseln mit Kardamom

Apfelstrudel im Glas

Heiße Schokolade

Schokogermteigauflauf mit Weichseln

Birnen-Nougat-Soufflépudding

Couscous mit Honig und Berberitze

Topfen-Pistazien-Auflauf

Zwetschken-Mohn-Auflauf

Ricotta-Heidelbeeren-Auflauf

Schoko-Orangen-Traum

LEBKUCHENAUFLAUF
Mit Schokoladensauce

6 Gläser à 140 ml

ZUTATEN
50 g Kuvertüre
50 g Lebkuchenknöpfe mit Schokolade
50 g Butter
25 g Puderzucker
20 g Vanillezucker
3 Eigelb
3 Eiweiß
25 g Kristallzucker
50 g Walnüsse, gerieben
30 g Lebkuchenbrösel
1 Pr. Salz
1 TL Lebkuchengewürz

Butter und Kristallzucker für die Gläser

Schokoladensauce siehe Grundrezept S. 20

ZUBEREITUNG
Kuvertüre in kleine Stücke hacken und über Wasserbad schmelzen. Lebkuchenknöpfe in kleine Würfel schneiden.
Butter mit Puderzucker, geschmolzener Kuvertüre, Lebkuchengewürz und Vanillezucker ca. 5 Minuten lang schaumig schlagen. Nach und nach Eigelb beigeben.
Eiweiß mit Zucker und Salz zu Schnee schlagen. Den Eischnee abwechselnd mit den Nüssen, Lebkuchenbröseln und geschnittenen Lebkuchenknöpfen unter den Butterabtrieb heben.

Fertige Masse in die mit weicher Butter bepinselten und mit Zucker ausgestreuten Gläser füllen. Diese in eine hohe Pfanne stellen und bis 1 cm unter dem Gläserrand mit heißem Wasser auffüllen.
Im Backrohr bei 160 °C Ober-/Unterhitze ca. 30 Minuten backen.

In der Zwischenzeit die Schokoladensauce laut Grundrezept zubereiten.

Die kleinen Aufläufe noch heiß mit der Schokoladensauce servieren.

Tipp
Wollen Sie diesen Auflauf einmal außerhalb der Weihnachtszeit machen – statt Lebkuchenknöpfen und Lebkuchenbröseln einfach 40 g Semmelbrösel verwenden und Lebkuchengewürz weglassen. Dafür mit frischen Früchten und Schlagsahne oder Eis servieren.

KAISERSCHMARREN
Mit oder ohne Rosinen

4 Gläser à 190 ml

ZUTATEN
90 g Mehl
125 ml Milch
1 EL Vanillezucker
½ Zitrone (Abrieb)
2 Eigelb
2 Eiweiß
40 g Kristallzucker
evtl. Rosinen nach Belieben

60 g Butter für die Pfanne

Zimtzucker
2 EL Kristallzucker
1 Pr. Zimt
Puderzucker zum Bestreuen

ZUBEREITUNG

Mehl, Milch, Vanillezucker, Zitrone und Eigelb zu einem glatten, dicken Pfannkuchenteig rühren. Eiweiß mit Zucker steif schlagen und unter den Teig heben.

Die Butter in einer Pfanne zerlassen. Den Teig einfüllen und bei geringer Hitze goldgelb backen. (Mithilfe eines Pfannenwenders immer wieder die Unterseite kontrollieren.) Nach Belieben die Rosinen aufstreuen, danach umdrehen und mit dem Zimtzucker bestreuen.

Im Backrohr bei 200 °C Ober-/Unterhitze ca. 10 Minuten backen.

Den Kaiserschmarren mit dem Pfannenwender in kleine Stücke teilen und in die Gläser verteilen. Mit Puderzucker bestreuen.

Mit Aprikosen- oder Zwetschkenröster servieren (Rezepte siehe S. 14 f.).

RUMTOPF MIT GEWÜRZTRAMINERSCHAUM

Mit weihnachtlichen Gewürzen

ZUBEREITUNG

Zunächst alle Dörrfrüchte je nach Größe etwas zerkleinern (halbieren oder vierteln). Wasser mit Zucker und Gewürzen zum Kochen bringen, die Früchte dazugeben und 1 Minute kochen lassen.

Die Früchte abseihen, Sud auffangen. Zimtrinde und Sternanis entfernen und das Zuckerwasser etwas reduzieren lassen, das heißt auf kleiner Flamme ca. 3 Minuten weiterkochen lassen, bis das Zuckerwasser sirupartig wird.

Die abgeseihten Früchte mit dem Rum wieder in das warme Zuckerwasser geben und in die Gläser verteilen.

Danach Gewürztraminer, Eigelb und Zucker über Wasserbad warm aufschlagen, bis die Masse gut schaumig ist.

Den noch warmen Gewürztraminerschaum auf dem Rumtopf verteilen und gleich servieren.

6 Gläser à 160 ml

ZUTATEN

Rumtopf
150 g Dörrzwetschken
120 g Dörrfeigen
100 g Dörraprikosen / Dörrmarillen
100 g Datteln
1 Zimtrinde
200 ml Wasser
100 g Kristallzucker
2 Stk. Sternanis
4 cl Rum

Gewürztraminerschaum
50 g Gewürztraminer
2 Eigelb
40 g Zucker

BRATAPFEL MIT ZIMTSABAYON
Nikolodessert mit Äpfeln & Nüssen

4 Gläser à 220 ml

ZUBEREITUNG

Äpfel waschen und vierteln, das Kerngehäuse entfernen. Für die Fülle alle Zutaten, also Nüsse, Walnüsse, Rosinen, Honig und Kuvertüre, vermischen.

Jeweils 3 Apfelspalten pro Glas mit der Rundung nach außen in die Gläser setzen. Mit der vorbereiteten Fülle die Gläser auffüllen (gut in die Äpfel drücken) und diese nun bei 200 °C Ober-/Unterhitze für ca. 20 Minuten ins Backrohr geben.

In der Zwischenzeit das **Zimtsabayon** zubereiten. Eigelb, Wein, Zucker und Zimt über Wasserbad schaumig schlagen. Das Sabayon kalt schlagen, bis es richtig schaumig ist – ca. 7 Minuten bzw. bis die Bratäpfel fertig gebacken sind.

Bratäpfel aus dem Backrohr nehmen, mit dem Sabayon übergießen und gleich servieren.

Tipp
Ich schlage Sabayon immer in der Küchenmaschine kalt, damit ich Zeit für etwas anderes habe. Somit ist es einerlei, ob man es 5 oder 10 Minuten schlägt, bis die Bratäpfel damit vollendet werden.

ZUTATEN
3 Äpfel
40 g Nüsse (Walnüsse, Haselnüsse, Mandeln), gehackt
40 g Walnüsse, gemahlen
10 g Rosinen
30 g Honig
20 g Kuvertüre, klein gehackt

Zimtsabayon
3 Eigelb
70 ml Weißwein
60 g Zucker
1 Pr. Zimt, gemahlen

COOKIEAUFLAUF
MIT VANILLEPARFAIT
und Karamellsauce

6 flache Gläser à 200 ml

ZUTATEN
70 g Butter
120 g Mehl
1 Msp. Backpulver
1 Ei
130 g Kristallzucker
1 EL Vanillezucker
½ Zitrone (Abrieb)
70 g Kuvertüre, grob gehackt

Vanilleparfait
1 kleine Kastenform bzw. 1 tiefkühlgeeignete Vorratsdose
250 g Sahne
1 Ei
1 Eigelb
70 g Zucker
½ Vanilleschote (Mark)
alternativ
300 ml Vanilleeis

Karamellsauce
siehe Grundrezept S. 21

ZUBEREITUNG
Für das **Parfait** die Sahne aufschlagen und kalt stellen. Ei und Eigelb mit Zucker und Vanillemark über Wasserbad warm schlagen. Vom Wasserbad nehmen und kalt schlagen. Nun die Schlagsahne unterheben. Die Kastenform oder Vorratsdose kalt ausspülen und mit Frischhaltefolie auskleiden, damit sich das Parfait nach dem Kühlen besser stürzen lässt. Danach das Vanilleparfait einfüllen und für ca. 5 Stunden in den Tiefkühler geben.

Für den **Auflauf** die Butter schmelzen und wieder abkühlen lassen, bis sie lauwarm ist. Mehl mit Backpulver vermischen. Ei mit Zucker, Vanillezucker und Zitrone schaumig schlagen und nach und nach die Butter einrühren.
Kuvertüre untermischen und das Mehl-Backpulver-Gemisch einrühren.
Diesen Cookieteig in die Gläser füllen und bei 160 °C Ober-/Unterhitze ca. 15–20 Minuten backen. (Auf Sicht backen, denn die Backzeit variiert je nach Füllhöhe.) Sehr wichtig ist es bei diesem Dessert, dass die Cookieaufläufe nicht ganz durchgebacken sind – bei der Stäbchenprobe soll noch etwas Teig hängen bleiben.

Das Vanilleparfait aus der Form stürzen, zunächst in Scheiben, danach in Würfel schneiden und auf die kleinen (lauwarmen) Aufläufe aufteilen.
Mit der Karamellsauce vollenden.

Tipp
Sollten keine geeigneten Gläser zur Verfügung stehen, kann man zum Beispiel auch kleine Tarteformen (10 cm Ø) verwenden.

GRATINIERTE WEICHSELN MIT KARDAMOM
Orientalisch

6 Gläser à 190 ml

ZUBEREITUNG

Für die **Gratiniermasse** die Maisstärke mit 2 EL von der Milch verrühren, die übrige Milch mit Vanillezucker und Orange zum Kochen bringen. Die angerührte Maisstärke einrühren und nochmals aufkochen. Vom Herd nehmen und etwas auskühlen lassen.
Danach Eigelb und saure Sahne einrühren. Nun das Eiweiß mit dem Zucker aufschlagen und unter die Masse heben.

Die eingelegten **Sauerkirschen** abseihen und mit Kardamom und Zucker vermischen. Auf die Gläser aufteilen. Mit der Gratiniermasse 2 cm hoch bedecken.

Bei 220 °C Oberhitze ca. 10 Minuten – auf Sicht! – gratinieren.

Tipp
Für dieses Dessert können sehr gut auch feuerfeste Formen oder Suppenteller verwendet werden!

ZUTATEN
200 ml Milch
20 g Maisstärke
1 EL Vanillezucker
1 Orange (Abrieb)
1 Eigelb
100 g saure Sahne
1 Eiweiß
30 g Zucker

300 g Weichseln / Sauerkirschen, eingelegt, abgetropft
2 Pr. Kardamom, gemahlen
2 EL Rohrohrzucker

APFELSTRUDEL
Klein und fein

Klassischer Apfelstrudel – immer gut. Diese Variante ist allerdings besonders attraktiv, weil sie eine kurze Backzeit hat und der „Strudel" nach dem Backen nicht mehr portioniert werden muss.

6 Gläser à 80 ml

ZUTATEN
500 g Äpfel
60 g fertiger Strudelteig
= 2 Strudelblätter
1 Zitrone (Saft)
2 cl Rum
1 Pkg. Vanillezucker
1 große Pr. Zimt, gemahlen
30 g Walnüsse, gerieben
30 g Kristallzucker
1 EL Rosinen
60 g Butter

ZUBEREITUNG

Die Butter schmelzen. Die Gläser damit ausstreichen, den Rest für die Strudelblätter beiseitegeben.

Die Äpfel waschen, schälen, vierteln, entkernen und in Blättchen schneiden. Die Äpfel mit dem Zitronensaft, Rum, Vanillezucker, Zimt, Rosinen und den Walnüssen vermischen.

Ein Strudelteigblatt mit Butter bestreichen, das zweite darauflegen und festdrücken. Nochmals mit Butter beträufeln. Die Apfelfülle verteilen, mit Zucker bestreuen. Zu einer festen Rolle eindrehen. In 6 gleich große Stücke schneiden und in die Gläser setzen.

Bei 180 °C Heißluft ca. 15 Minuten backen.

HEISSE SCHOKOLADE
mit Haselnusszwieback

4 Gläser à 290 ml

ZUTATEN
60 g Kakao
50 g Kristallzucker
1 Pr. Piment, gemahlen
1 Pr. Zimt, gemahlen
60 ml Wasser
100 ml Sahne
600 ml Milch

ca. 50–70 g Schokolade zum Reiben oder Raspeln

80 g Haselnusszwieback siehe Grundrezept S. 24

ZUBEREITUNG

Kakao mit Kristallzucker und Gewürzen vermischen. Das Wasser aufkochen und über das Kakaogemisch gießen, mit einem kleinen Schneebesen gut verrühren.
Diese Basis gleichmäßig in die Gläser verteilen und etwas schwenken, damit sie Muster aufs Glas zaubert.

Nun die Schokolade für die Deko reiben oder raspeln. Die Sahne cremig weich schlagen.

Milch unter ständigem Rühren mit einem Schneebesen auf 60 °C erwärmen und in die vorbereiteten Gläser gießen. In jedes Glas ein Schlagsahnehäubchen setzen und mit der geriebenen Schokolade dekorieren.

Besonders gut passt dazu Haselnusszwieback.

SCHOKOGERMTEIGAUFLAUF MIT WEICHSELN
und Schokoladensauce

7 Gläser à 130 ml

ZUBEREITUNG

Mehl, Kakaopulver, Zucker, Vanillezucker, Zitronenabrieb und Salz trocken gut vermischen. Milch auf ca. 35 °C erwärmen, Rum und Ei zur Milch geben. Butter schmelzen. Hefe in das Mehlgemisch einbröseln und unter Zugabe der Milchmischung zu kneten beginnen, kurz darauf die geschmolzene Butter dazugeben und den Teig mindesten 5 Minuten schön seidig glatt kneten.

Die Gläser mit Butter auspinseln. Die Hälfte des Teiges einfüllen, die Weichseln darauf verteilen und nochmals mit Teig bedecken.

Bei 160 °C Ober-/Unterhitze ca. 15 Minuten oder bei 120 °C im Kombidampfgarer ca. 10 Minuten backen.

Währenddessen die Schokoladensauce laut Grundrezept zubereiten.

Die fertigen Schokogermteigküchlein noch warm mit der Schokoladensauce servieren.

ZUTATEN

250 g Mehl
20 g Germ / Hefe
50 g Kakaopulver, ungesüßt
50 g Zucker
½ Zitrone (Abrieb)
½ TL Salz
1 EL Vanillezucker
110 ml Milch
1 Ei
2 EL Rum
40 g Butter, flüssig
Butter für die Gläser zum Auspinseln
200 g Weichseln / Sauerkirschen, entkernt

Schokoladensauce siehe Grundrezepte S. 20

BIRNEN-NOUGAT-SOUFFLÉPUDDING
Verführerisch und fruchtig

5 flache Gläser à 290 ml

ZUBEREITUNG

Die Birnen waschen, schälen, vierteln, entkernen und in Spalten schneiden. Auf die 5 Gläser aufteilen.

Die Milch mit dem Zucker vermischen. Das Puddingpulver mit 3 EL der Milch verrühren. Die restliche Milch zum Kochen bringen und die Puddingpulvermischung einrühren. Nochmals aufkochen und zur Seite stellen. Das Nougat in den heißen Pudding einrühren. Den Amaretto und die Eigelb in den Nougatpudding einrühren – dieser darf dabei eine Temperatur von höchstens 80 °C haben. Den Nougatpudding auf den Birnen verteilen.

Eiweiß und Kristallzucker sehr fest aufschlagen. Diesen Eischnee auf die Gläser aufteilen und mit Mandeln bestreuen.

Nun die Gläser bei 170 °C Ober-/Unterhitze ca. 10 Minuten backen, bis die Schneehaube goldbraun ist – danach gleich servieren.

Tipp
Soll dieses Dessert für Gäste vorbereitet werden, alles – bis auf die Schneehaube – in die Gläser füllen. Eischnee erst vor Verwendung zubereiten und das Dessert wie oben angegeben fertigstellen.

ZUTATEN
5 Birnen (= ca. 550 g)
500 ml Milch
30 g brauner Zucker
½ Pkg. Vanillepuddingpulver (= ca. 20 g)
125 g Nussnougat
2 cl Amaretto
2 Eigelb
2 Eiweiß
100 g Kristallzucker
30 g Mandeln, gehobelt

COUSCOUS MIT HONIG UND BERBERITZE
Fein säuerlich

4 Gläser à 190 ml

ZUTATEN
360 ml Milch
2 Kardamomkapseln
2 EL Honig
1 Orange (Abrieb)
180 g Couscous
50 g Berberitzen oder Gojibeeren, getrocknet
50 g Butter

nach Belieben:
Apfelmus
siehe Grundrezept S. 16

ZUBEREITUNG
Milch mit den Kardamomkapseln und dem Honig und dem Orangenabrieb zum Kochen bringen. Vom Herd nehmen, den Couscous einrühren und zugedeckt für ein paar Minuten ziehen lassen.

Die Berberitzen oder Gojibeeren und die Butter unterrühren. Nun die Masse in die Gläser aufteilen.

Wer mag, kann jedes Glas mit einem Esslöffel Apfelmus garnieren.

Tipps
Die Berberitzen verleihen diesem schnellen Dessert eine feine säuerliche Note. Und es kann gut mit fruchtigen Saucen variiert werden.

Auch eine selbst gemachte Himbeersauce aus frischen oder tiefgekühlten Früchten, püriert und mit etwas Zucker und Zitronensaft abgeschmeckt, passt hervorragend zu diesem Dessert. Außerdem ist der farbliche Akzent sehr schön.

TOPFEN-PISTAZIEN-AUFLAUF
Locker-flaumig

7 Gläser à 160 ml

ZUBEREITUNG

Alle Zutaten für den **Streusel** gut vermischen und zwei Drittel der Masse fest in Gläser drücken.

Für die **Quarkmasse** zunächst die 3 Eiweiß mit dem Zucker aufschlagen.
Quark, Vanillezucker, Eigelb, Zitronenabrieb, Salz und die gehackten Pistazien gut durchrühren. Die Butter und den Grieß ebenfalls einrühren.
Das aufgeschlagene Eiweiß unter die Quarkmasse rühren.
Die Masse in die Gläser füllen und mit dem restlichen Streusel bestreuen.

Im Backrohr bei 170 °C Heißluft ca. 25 Minuten backen.

Tipp

Diese Masse eignet sich ausgezeichnet als gebackene Topfentorte – dafür braucht man nur die Rezeptur zu verdoppeln, und die Backzeit verlängert sich auf etwa 55 Minuten.
Das Praktische an diesem Glasdessert (oder auch der Torte) ist, dass der Mürbteigboden nicht vorgebacken werden muss.

ZUTATEN

Streusel
50 g Butter
125 g Mehl
50 g Zucker
1 Eigelb
1 Pr. Backpulver
1 EL Vanillezucker
1 Zitrone (Abrieb)

Quark-/Topfenmasse
250 g Quark/Topfen
(20 % Fett i. Tr.)
2 Eier, getrennt
plus 1 Eiweiß
50 g Zucker
1 EL Vanillezucker
½ Zitrone (Abrieb)
1 Pr. Salz
25 g Pistazien, gehackt
50 g Butter, geschmolzen
1 EL Grieß

ZWETSCHKEN-MOHN-AUFLAUF
Mohn pur!

An alle Mohnliebhaber: Dieser Auflauf ist Mohn pur! Ich persönlich finde diese Komposition einfach unwiderstehlich.

5 Gläser à 220 ml

ZUTATEN
100 ml Milch
1 Zitrone (Abrieb)
90 g Powidl
200 g Mohn, gemahlen
50 g dunkle Kuvertüre
50 g Haselnüsse, gerieben
2 cl Rum
120 g Butter
3 Eier
90 g brauner Zucker
50 g Paniermehl/ Semmelbrösel
2 EL Butter, geschmolzen für die Gläser

Garnitur
125 ml Sahne
30 g Powidl
250 g Zwetschkenröster (Zwetschgenragout)
siehe Grundrezept S. 14
alternativ
mindestens 5 schöne frische Zwetschkenspalten

ZUBEREITUNG
Die Gläser mit der Butter dünn ausstreichen.
Milch mit Zitronenabrieb und Powidl aufkochen, dann den Mohn einrühren. Kuvertüre, Haselnüsse und Rum einrühren, dann etwas überkühlen lassen. Butter schmelzen.

Die Eier mit dem Zucker mindestens 7 Minuten lang schaumig schlagen.
Die geschmolzene Butter einrühren und die Mohnmasse mit den Semmelbröseln abwechselnd unter die Eiermasse heben. Fertige Mohnmasse in die vorbereiteten Gläser füllen und bei 160 °C Ober-/Unterhitze ca. 20 Minuten backen.

In der Zwischenzeit die Sahne steif schlagen und die Powidlmarmelade locker einrühren – so, dass man noch Schlieren sieht.

Zwetschken aus dem Saft nehmen und abtropfen lassen.

Wenn der Mohnauflauf fertig gebacken ist, mit dem Powidlobers und den Zwetschken anrichten.

Tipp
Schmeckt auch kalt traumhaft gut!

RICOTTA-HEIDELBEEREN-AUFLAUF
Eine wahre Versuchung

7 Gläser à 160 ml

ZUBEREITUNG

Mandeln, Backpulver und Mehl vermischen. Butter, Vanillezucker und Zitrusabrieb mit einem Drittel des Puderzuckers schaumig schlagen. Die Eigelb dazugeben, noch etwas weiterschlagen. Den Ricotta löffelweise dazugeben und einrühren.

Die Eiweiß mit dem restlichen Zucker sehr fest aufschlagen. Den Eischnee abwechselnd mit dem Mehl-Mandel-Gemisch unter den Butterabtrieb heben, die Masse in die Gläser füllen und mit 100 g Heidelbeeren belegen.

Bei 160 °C Ober-/Unterhitze ca. 20 Minuten backen.
Die übrigen 100 g Heidelbeeren frisch, als Dekoration, zum Auflauf servieren.

ZUTATEN

40 g Mandeln, gerieben
5 g Backpulver
40 g Mehl
½ Zitrone oder Orange (Abrieb)
1 Pkg. Vanillezucker
100 g Butter, weich
2 Eigelb
100 g Puderzucker
250 g Ricotta
2 Eiweiß
200 g Heidelbeeren

Tipp
Wollen Sie für eine Geschmacksexplosion sorgen, servieren Sie diesen Auflauf zusätzlich mit Holunderblütenmus (siehe Grundrezepte S. 17).

SCHOKO-ORANGEN-TRAUM
Ein cremig-weicher Genuss

6 Gläser à 190 ml

ZUTATEN
2 Orangen
150 g Schokolade (mind. 70 % Kakaoanteil)
150 g Butter
2 Eier
150 g Zucker
40 g Mehl

ZUBEREITUNG

Eine Orange waschen und die Schale abreiben, diese beiseitegeben. Danach beide Orangen schälen und filetieren.

Schokolade in kleine Stücke schneiden. Die Butter in einem kleinen Topf schmelzen und von der Herdplatte nehmen. Die Schokoladestücke einrühren und so lange rühren, bis sie geschmolzen sind. Danach den Orangenabrieb einrühren.

Eier mit dem Zucker nur 1 Minute schaumig schlagen. Die Butter-Schokolade-Mischung einrühren und das Mehl unterheben.

Nun die Schokoladenmasse in die Gläser füllen und bei 210 °C Heißluft ca. 10 Minuten backen.

Aus dem Backrohr nehmen und mit den Orangenfilets garnieren.

Tipps

Dieses Dessert lässt sich gut vorbereiten. Den Inhalt wie oben beschrieben in die Gläser füllen und in den Kühlschrank geben. Erst bei Bedarf wie angegeben backen – allerdings verlängert sich (frisch aus dem Kühlschrank) die Backzeit um ca. 5 Minuten.

Kuchen
IM GLAS

Topfen-Dirndl-Kuchen

Kärntner Reindling

Brownies

Marmorgugelhupf

Gewürzkuchen mit Datteln und Rosinen

Becherkuchen

Mohn-Powidl-Kuchen

Kürbiskernölkuchen

Karottenkuchen mit Gervaiscreme

Bananenkuchen

Maronikuchen mit Canache

Früchtebrot

Linzer Torte

Red Velvet

Cheesecake mit Weichseln

Ribiselkuchen

Glühweinkuchen

TOPFEN-DIRNDL-KUCHEN
Vergessenes Früchtchen

6 Gläser à 130 ml

„Dirndl" ist in Österreich die hübsche Bezeichnung für die Kornelkirsche. Das rote Früchtchen mit dem besonderen, angenehm-säuerlichen Aroma war schon fast in Vergessenheit geraten. Das wäre doch schade gewesen.

ZUTATEN

Teig
250 g Mehl
7 g Trockenhefe/-germ
40 g Zucker
1 EL Vanillezucker
110 ml Milch
40 g Butter, flüssig
1 Eigelb
1 Zitrone (Abrieb)
2 EL Rum
½ TL Salz

Fülle
100 g Kornelkirschenmarmelade
125 g Quark/Topfen 20 % F. i. T.
1 Eigelb
1 EL Vanillezucker
10 g Vanillepuddingpulver
20 g Kristallzucker
10 g Zitronensaft, frisch gepresst

1 EL flüssige Butter für die Gläser

ZUBEREITUNG

Mehl mit Trockenhefe, Zucker und Vanillezucker mischen. Milch auf ca. 35 °C erwärmen, Butter, Eigelb, Zitrone, Rum und Salz in die Milch einrühren. Milchmischung mit der Mehlmischung vermengen, die Masse ca. 5 Minuten kneten. Teig zu einer Kugel formen, mit einem Tuch oder einer Frischhaltefolie bedecken und an einem warmen Ort gehen lassen (ca. 1 Stunde). Der Teig sollte danach das doppelte Volumen haben.

Die Gläser mit Butter auspinseln.

Für die Fülle Quark, Eigelb, Vanillezucker, Puddingpulver, Kristallzucker und Zitronensaft zu einer glatten Masse rühren.

Den Hefeteig nochmals durchkneten. Danach den Teig 3 mm dick und ca. 40 x 20 cm groß ausrollen. Halbieren und eine Hälfte mit Quarkfülle bestreichen, wie ein Heft zusammenklappen. An den Enden fest zusammendrücken. Danach in 6 Streifen zu je 2 x 10 cm schneiden.
Die zweite Teighälfte mit Marmelade bestreichen und wie bei der Quarkfülle in Streifen schneiden.
Pro Glas immer einen Quark- und einen Marmeladestreifen übereinanderlegen und einrollen. Diese eingerollten Streifen in die Gläser legen – das wird noch 5 Mal wiederholt.

Die fertig befüllten Gläser im Backrohr bei 160 °C Ober-/Unterhitze 30 Minuten backen.

KÄRNTNER REINDLING
Kärntner Osterspezialität

4 Gläser à 290 ml

ZUTATEN
Teig
250 g Mehl
7 g Trockenhefe
40 g Zucker
1 EL Vanillezucker
110 ml Milch
40 g Butter, flüssig
1 Eigelb
1 Zitrone (Abrieb)
2 EL Rum
½ TL Salz

Fülle
40 g Butter
70 g Kristallzucker
½ TL Zimt, gemahlen
70 g Walnüsse
70 g Rosinen

1 EL flüssige Butter für die Gläser

ZUBEREITUNG
Mehl mit Trockenhefe, Zucker und Vanillezucker mischen. Milch auf ca. 35 °C erwärmen, Butter, Eigelb, Zitrone, Rum und Salz in die Milch einrühren. Milchmischung mit der Mehlmischung vermengen, die Masse ca. 5 Minuten kneten. Teig zu einer Kugel formen, mit einem Tuch oder einer Frischhaltefolie bedecken und an einem warmen Ort gehen lassen (ca. 1 Stunde). Der Teig sollte danach das doppelte Volumen haben.

Für die Fülle die Butter schmelzen. Zucker mit Zimt vermischen. Die Gläser mit Butter auspinseln.

Den Hefeteig nochmals durchkneten. Dann den Teig 3 mm dick und ca. 50 x 20 cm groß ausrollen und mit der flüssigen Butter bestreichen. Mit den Walnüssen, Rosinen und dem Zimtzucker gleichmäßig bestreuen.
Eine enge Rolle formen und mit dem Messer in 4 gleich große Stücke schneiden. Die Teigrolle etwas ziehen und in sich verdrehen, dabei jedes Stück in ein Glas setzen. Abschließend mit eventuell übriger Butter bestreichen.

Die Gläser auf ein Backblech setzen und auf der untersten Schiene im Backrohr ca. 30 Minuten bei 160 °C Ober-/Unterhitze backen.

Tipp
Je dünner der Hefeteig für den Kärntner Reindling in Portionsgröße ausgerollt wird, desto „öfter" ist er dann gefüllt – und schmeckt natürlich umso besser.

BROWNIES
Amerika im Glas

4 flache Gläser à 200 ml

ZUBEREITUNG

Die Walnüsse in eine Pfanne geben und trocken hellbraun rösten, dann grob hacken. Zucker mit Ei, Vanillezucker und Zitrone schaumig schlagen. Butter schmelzen, Kuvertüre vorsichtig darin auflösen (max. Temperatur 40 °C). Butter-Kuvertüre-Masse unter die Eimischung rühren, Mehl, gehackte Walnüsse und Backpulver einrühren.

Die Masse gleichmäßig auf die 4 Gläser aufteilen und im Backrohr ca. 15 Minuten bei 180 °C backen.

Wichtig: Die Brownies müssen innen noch cremig sein!

Doppelrahmkäse mit Vanillezucker und Zitrone verrühren.

Brownies auskühlen lassen und mit einem kleinen Löffel Doppelrahmkäse und etwas Karamellsauce oder Schokladensauce verzieren.

ZUTATEN
40 g Walnüsse
80 g Zucker
1 Ei
½ Zitrone (Abrieb)
1 EL Vanillezucker
40 g Butter
40 g dunkle Kuvertüre
50 g Mehl
½ TL Backpulver

100 g Doppelrahmkäse (z. B. „Philadelphia")
1 EL Vanillezucker
1 Msp. Zitronenabrieb
2 EL Karamellsauce oder Schokoladensauce, siehe Grundrezepte S. 20 und 21

Tipp
Will man eine größere Portion Nüsse rösten – am besten auf ein Backblech geben und bei 180 °C ca. 5–10 Minuten ins Backrohr geben.
Ich backe die Brownies gerne auf einem Blech (mit der 3-fachen Masse von oben) und friere sie dann portionsweise ein – so schmecken sie immer wie frisch. Die Brownies sollte man jedenfalls immer gut auskühlen lassen, denn umso besser lassen sie sich dann schneiden oder ausstechen.

MARMORGUGELHUPF
Österreichischer Klassiker

3 Gläser à 290 ml

ZUBEREITUNG

Butter mit Puderzucker, Salz, Maisstärke, Vanillezucker und Zitrone schaumig rühren.
Die Eigelb und den Rum in den Butterabtrieb einrühren.
Die Eiweiß mit dem Kristallzucker schaumig schlagen. Diesen Eischnee abwechselnd mit dem Mehl unter den Butterabtrieb heben. Kakaopulver mit Öl glatt rühren und ein Drittel der Masse damit braun einfärben.

Die Gläser mit der weißen und der dunklen Masse abwechselnd füllen und die Masse zum Schluss mit einem Holzspieß leicht verrühren. Im Backrohr bei 160 °C ca. 25 Minuten backen.

Tipp
Den Kuchen nicht zu lange backen, sonst wird er zu trocken. Stäbchenprobe machen!

ZUTATEN

100 g Butter, zimmerwarm
30 g Puderzucker
15 g Maisstärke
1 EL Vanillezucker
1 Zitrone (Abrieb)
2 Eigelb
15 g Rum
2 Eiweiß
40 g Kristallzucker
1 Pr. Salz
70 g Mehl, glatt
15 g Kakaopulver (ungesüßt)
25 g Öl

GEWÜRZKUCHEN
mit Datteln und Rosinen

5 Gläser à 160 ml

ZUTATEN
100 g Butter, zimmerwarm
30 g Puderzucker
15 g Maisstärke
1 EL Vanillezucker
1 Pr. Salz
1 Msp. Kardamom, gemahlen
1 Msp. Zimt, gemahlen
1 Msp. Piment, gemahlen
1 Zitrone (Abrieb)
2 Eigelb
15 g Rum
2 Eiweiß
40 g Kristallzucker
70 g Mehl, glatt
50 g Datteln
30 g Rosinen

ZUBEREITUNG

Datteln entkernen und der Länge nach vierteln. Rosinen in heißem Wasser einweichen, nach ein paar Minuten abseihen und mit Rum bedecken.

Butter mit Puderzucker, Salz, Maisstärke, Vanillezucker, Gewürzen und Zitrone schaumig rühren.
Die Eigelb in den Butterabtrieb einrühren.
Das Eiweiß mit dem Kristallzucker schaumig schlagen. Diesen Eischnee abwechselnd mit dem Mehl unter den Butterabtrieb heben.
Zum Schluss noch die Datteln und Rosinen einrühren.

Die Masse in die Gläser füllen und 25 Minuten bei 160 °C backen.

BECHERKUCHEN
Ein Kuchen als „Verwandlungskünstler"!

8 Gläser à 190 ml

ZUTATEN
3 Eier
1 Becher (= 250 ml) Zucker
1 Becher Mehl
½ Pkg. Backpulver
½ Becher Kakao, edelbitter
½ Becher Nüsse nach Belieben, gerieben
1 Becher Sahne oder saure Sahne
½ Becher Öl

ZUBEREITUNG
Eier mit Zucker schaumig schlagen. Alle trockenen Zutaten, also Mehl, Backpulver, Kakao und Nüsse, vermischen.
Sahne oder saure Sahne und Öl mit einem Schneebesen in die Eiermasse rühren.

Die trockenen Zutaten einrühren und die Masse in die Gläser füllen. Bei 160 °C ca. 35 Minuten backen.

Tipps
Statt Nüssen oder Kakao können auch geriebene Karotten oder Zucchini verwendet werden.
Dieses ist das Lieblingsrezept meiner Schwägerin Doris, die es mir auch verraten hat.
Möchte man die Kuchen stürzen, dann die Gläser vorher bebuttern und mit Paniermehl ausstreuen.
Die Masse kann auch in einer Kranzkuchenform gebacken werden.

MOHN-POWIDL-KUCHEN

Köstlichkeit aus dem Waldviertel

8 Gläser à 190 ml

ZUBEREITUNG

Die Milch aufkochen, von der Hitze nehmen, dann Mohn und Powidl einrühren. Auskühlen lassen.

Die Butter mit Zitrone und Vanillezucker schaumig rühren. Eigelb nach und nach beigeben.
Das Eiweiß mit Kristallzucker zu Schnee schlagen.
Nun die ausgekühlte Mohnmasse in den Butterabtrieb einrühren und den Eischnee unter Zugabe der Semmelbrösel unterheben.

Die Mohnmasse auf die Gläser aufteilen und im Backrohr bei 160° C ca. 35 Minuten backen.

ZUTATEN

80 g Milch
100 g Mohn, gemahlen
80 g Powidl
70 g Butter, zimmerwarm
½ Zitrone (Abrieb)
1 EL Vanillezucker
3 Eigelb
3 Eiweiß
100 g Kristallzucker
50 g Semmelbrösel

KÜRBISKERNÖLKUCHEN
Steirische Spezialität

4 Gläser à 160 ml

ZUBEREITUNG

Butter mit Puderzucker, Salz, Maisstärke, Vanillezucker und Zitrone schaumig rühren.
Eigelb, Rum sowie Kürbiskerne und Kürbiskernöl in den Butterabtrieb einrühren.
Die Eiweiß mit dem Kristallzucker schaumig schlagen. Diesen Eischnee abwechselnd mit dem Mehl unter den Butterabtrieb heben.

In die Gläser füllen und bei 160 °C 25 Minuten backen.

Tipp
Den Kuchen sofort nach dem Backen verschließen und als perfektes Geschenk mitbringen. Er ist mindestens eine Woche haltbar!

ZUTATEN
100 g Butter, zimmerwarm
30 g Puderzucker
15 g Maisstärke
1 EL Vanillezucker
1 Zitrone (Abrieb)
2 Eigelb
15 g Rum
20 g Kürbiskernöl
2 EL Kürbiskerne, gehackt
2 Eiweiß
40 g Kristallzucker
1 Pr. Salz
70 g Mehl, glatt

KAROTTENKUCHEN
mit Gervaiscreme

*Rexgläser: 6 x 240 ml
oder 9 x 160 ml*

ZUTATEN
Kuchenmasse
3 Eier
40 g brauner Zucker
140 g Kristallzucker
20 g Honig
1 Pr. Salz
½ Zitrone (Abrieb)
240 g Karotten, geraspelt
150 g Mehl
2 Msp. Natron
1 TL Zimt
2 Msp. Backpulver
70 g Walnüsse, gehackt
40 g Butter, flüssig
160 g Maiskeimöl

Gervaiscreme
je 1 Nockerl für 8 Gläser

60 g weiße Schokolade
250 g Gervais
25 g Vanillezucker
70 g Honig
½ Zitrone (Saft)

ZUBEREITUNG
Die Eier mit dem braunen Zucker, Kristallzucker, Honig, Salz und Zitrone schaumig schlagen. Dann die Karotten in die Eiermasse rühren.
Das Mehl mit Natron, Zimt und Backpulver sorgfältig vermischen und mit den Nüssen unterheben, zum Schluss die Butter mit dem Öl einrühren.

Die Masse in die Gläser füllen. Im Backrohr bei 160 °C für 25 Minuten backen.

Für die **Creme** weiße Schokolade in kleine Stücke schneiden und über Wasserbad schmelzen. Nun alle Zutaten mit einem Mixer schaumig schlagen. Die geschmolzene Schokolade muss dabei sehr rasch eingerührt werden.

Gervaiscreme zum Servieren auf die Gläser setzen, mit Nussdekor und Karamellsauce garnieren (siehe Grundrezept S. 21).

Tipp
Der Gervais sollte mindestens 20 Minuten vor Verwendung aus dem Kühlschrank genommen werden. Das ermöglicht eine leichtere Verarbeitung.

BANANENKUCHEN
In Australien ein Muss

4 Gläser à 290 ml

ZUTATEN
125 g Butter, zimmerwarm
125 g Puderzucker
1 EL Vanillezucker
½ Zitrone (Abrieb)
2 Eigelb
2 cl Rum
2 reife Bananen
2 Eiweiß
150 g Mehl
1 Msp. Backpulver
50 g Ahornsirup

ZUBEREITUNG

Die Butter mit Puderzucker, Vanillezucker und Zitrone schaumig schlagen. Eigelb nach und nach mit dem Rum in die Butter einrühren.

Die Bananen schälen und mit einer Gabel fein zerdrücken. In den Butterabtrieb einrühren.

Jetzt die Eiweiß schaumig schlagen und ebenfalls in den Butterabtrieb einrühren. Abschließend das Mehl mit dem Backpulver unterheben.

Die Masse in die Gläser füllen und im Backrohr bei 170 °C ca. 25 Minuten backen.

Noch warm mit Ahornsirup beträufeln – und gleich servieren!

MARONIKUCHEN MIT CANACHE
Für Kastanienliebhaber

7 Gläser à 190 ml

ZUBEREITUNG

Die Schokolade in kleine Stücke schneiden und mit dem Nougat über Wasserbad schmelzen.

Die Eier in Eigelb und Eiweiß trennen. Butter, Puderzucker, Nougat und Schokolade ca. 7 Minuten lang schaumig schlagen. Danach die Eigelb nach und nach dazugeben und verrühren.

Das Eiweiß mit dem Kristallzucker zu festem Schnee schlagen. Die Semmelbrösel und Haselnüsse unter die schaumige Buttermasse rühren und den Eischnee unterheben.

Die Masse nun mithilfe eines Dressiersacks gleichmäßig auf die 7 Gläser aufteilen.

Im Backrohr bei 160 °C Ober-/Unterhitze 25 Minuten backen.

In der Zwischenzeit die **Canache** vorbereiten. Dazu die Kuvertüre in kleine Stücke schneiden.
Die Sahne in einem Kochtopf zum Kochen bringen, die zerkleinerte Kuvertüre einrühren. Von der Herdplatte nehmen und so lange rühren, bis sich die Kuvertüre aufgelöst hat. Das Maronipüree dazugeben und mit dem Stabmixer ca. 1 Minute mixen, damit die Canache einen schönen Glanz bekommt.

Die fertigen Aufläufe mit der noch warmen Canache übergießen.

Das restliche Maronipüree durch eine Knoblauchpresse drücken und die Gläser mit den „Maronifäden" fertig garnieren.

ZUTATEN

75 g Kochschokolade
30 g Nougat
3 Eier
60 g Butter
30 g Puderzucker
30 g Kristallzucker
30 g Semmelbrösel
95 g Haselnüsse, gerieben

Canache
125 g dunkle Kuvertüre
250 g Sahne
100 g Maronipüree, gesüßt

100 g Maronipüree gesüßt, zum Dekorieren

FRÜCHTEBROT

Traditionelles Adventgebäck im Kleinformat

3 Gläser à 290 ml

ZUBEREITUNG

Das Mehl mit dem Lebkuchengewürz vermischen. Die Hefe in handwarmer Milch auflösen. Feigen und Aprikosen klein schneiden, die Rosinen dazugeben und ca. 15 Minuten mit dem Rum ziehen lassen. Alle Zutaten, also Mehl mit Lebkuchengewürz, Milch mit Hefe, marinierte Früchte, Puderzucker und Mandeln zu einem Teig kneten.

Ein Mal gehen lassen, bis sich das Teigvolumen verdoppelt hat. Bei Zimmertemperatur kann das bis zu 1 Stunde dauern.

Das Backrohr auf 180 °C Ober-/Unterhitze vorheizen.
Die Gläser mit Butter bepinseln.

Den Teig einmal zusammenschlagen, in drei Teile teilen und die vorbereiteten Gläser damit befüllen. Nochmals aufgehen lassen, bis der Teig den Glasrand erreicht hat.

Die Backrohrtemperatur auf 160 °C reduzieren und das Früchtebrot ca. 45 Minuten backen.

Tipp

Ideal zum Verschenken: Vor dem Backen die verschließbaren Gläser nicht zu hoch befüllen, nach dem Backen verschließen und je nach Wunsch hübsch verpacken. Hält sich ca. 1 bis 2 Wochen!

ZUTATEN

250 g Mehl
1 Pkg. Lebkuchengewürz
1 Würfel (= 42 g) Germ/Hefe
150 ml Milch
250 g Feigen, getrocknet
100 g Aprikosen/Marillen, getrocknet
100 g Rosinen, getrocknet
50 ml Rum
55 g Puderzucker
50 g Mandeln, ganz

40 g Butter, zimmerwarm, für die Gläser

LINZER TORTE
Oberösterreichs Klassiker

4 Gläser à 190 ml

ZUTATEN

100 g Butter, zimmerwarm
75 g Puderzucker
1 EL Vanillezucker
1 Pr. Salz
1 Pr. Nelken, gemahlen
1 Pr. Zimt, gemahlen
2 Eier
100 g Mandeln, gerieben
75 g Mehl
100 g Himbeermarmelade, glatt gerührt
2 EL Mandeln, gehobelt, zum Bestreuen

ZUBEREITUNG

Butter mit Puderzucker, Vanillezucker, Salz und Gewürzen mindestens 5 Minuten schaumig schlagen. Eier nach und nach einrühren. Die Mandeln unter die Buttermasse mischen.
Das Mehl rasch einrühren. Zwei Drittel der Masse in die Gläser füllen und verstreichen. Die Himbeermarmelade darauf verteilen.

Das übrige Drittel der Masse in einen Dressiersack (Öffnung bzw. Tülle: 1 cm) füllen und in Gitterform auf die Himbeermarmelade dressieren.

Mit den Mandeln bestreuen und bei 160 °C ca. 35 Minuten backen.

RED VELVET
Ein echter Lady-Cake

4 Gläser à 160 ml

ZUBEREITUNG

Butter mit Puderzucker, Maisstärke, Vanillezucker und Zitrone schaumig rühren.
Die Eigelb und den Rum in den Butterabtrieb einrühren.
Die Eiweiß mit dem Kristallzucker schaumig schlagen. Diesen Eischnee abwechselnd mit dem Mehl unter den Butterabtrieb heben.

Ein Drittel der Masse mit der Gelfarbe rot einfärben und nun die rote und die weiße Masse abwechselnd in die Gläser füllen. Kurz mit einer Gabel durchrühren.

Im Backrohr bei 160 °C 25 Minuten backen.

Tipp

Achten Sie beim Kauf von Lebensmittelfarben darauf, dass diese nicht chemisch hergestellt sind. Die Deckkraft von natürlichen Speisefarben ist eventuell etwas schwächer.
Da durchs Backen der Rotton leicht verstärkt wird, sollte man den Teig nicht zu kräftig einfärben. In Rosa sieht das Küchlein übrigens auch sehr hübsch aus.

ZUTATEN
100 g Butter, zimmerwarm
30 g Puderzucker
15 g Maisstärke
1 EL Vanillezucker
1 Zitrone (Abrieb)
2 Eigelb
15 g Rum
2 Eiweiß
40 g Kristallzucker
70 g Mehl, glatt
½ TL rote Gelfarbe

CHEESECAKE MIT WEICHSELN
American Style

5 Gläser à 160 ml

ZUTATEN
200 g Doppelrahmkäse (z. B. „Philadelphia")
70 g Puderzucker
1 Ei
10 g saure Sahne
40 g Sahne
½ Vanilleschote (Mark)
5 g Zitronensaft
40 g Butterkekse, gehackt
40 g Butter

240 g Weichseln aus dem Glas, abgetropft
150 ml Weichselsaft
1 EL (ca. 5 g) Maisstärke

ZUBEREITUNG
Butterkekse in einen Frischhaltebeutel geben und mithilfe eines Rollholzes oder eines Fleischklopfers zerbröseln. Butter schmelzen und mit den Keksen vermischen. Gleichmäßig in die 5 Gläser füllen und (beispielsweise mit einem Korken) festdrücken.
Doppelrahmkäse mit Puderzucker glatt rühren. Ei, saure Sahne, Sahne, Vanillemark und Zitronensaft kurz mit dem Mixer oder der Küchenmaschine mixen und die Käsemasse dazurühren.
Die Masse in die Gläser füllen und bei 100 °C 55 Minuten backen. Den Cheesecake vor dem Servieren ordentlich durchkühlen lassen.

Für die Garnitur die Weichseln abseihen. Den Weichselsaft aufkochen. Die Maisstärke mit Wasser glatt rühren und in den kochenden Weichselsaft einrühren, noch einmal kurz aufkochen lassen. Von der Herdplatte nehmen und die Weichseln dazugeben.

Die Cheesecakes im Glas mit der Weichselsauce garnieren.

RIBISELKUCHEN
Mit dem schaumigen i-Tüpfelchen

5 Gläser à 200 ml

ZUTATEN
Kuchenmasse
50 g Butter, weich
30 g Puderzucker
½ Zitrone (Abrieb)
1 Eigelb
70 g Mehl, glatt

Creme
100 ml Milch
100 ml Sahne
10 g Vanillepuddingpulver
½ Vanilleschote
10 g Kristallzucker

Außerdem
100 g rote Ribiseln/
rote Johannisbeeren
(evtl. TK)
1 Eiweiß
50 g Kristallzucker
Flambierbrenner

Dies ist das Lieblingsrezept meiner Schwester Regina, ihr widme ich es! Die für sie gewinnenden Genussfaktoren: knuspriger Boden – säuerliche Johannisbeeren – süßer Eischnee.

ZUBEREITUNG
Butter mit Puderzucker und Zitronen schaumig schlagen. Eigelb dazugeben und einrühren. Zum Schluss das Mehl zugeben – dieses kann ebenfalls mit dem Mixer eingerührt werden.
Ein Backblech mit Backpapier belegen und den gerührten Mürbteig gleichmäßig, ca. 1 cm dick, aufstreichen.
Auf der untersten Schiene für 18 Minuten bei 160 °C goldbraun backen. Kurz überkühlen lassen, dann in gleichmäßige Stücke gebrochen auf die Gläser verteilen.

Für die Creme das Puddingpulver mit 3 EL von der Milch glatt rühren. Die restliche Milch mit der Sahne und dem Vanillemark zum Kochen bringen. Das angerührte Puddingpulver einrühren, nochmals aufkochen lassen und den Pudding noch warm auf die 5 Gläser verteilen. Die Johannisbeeren darauf verteilen. Kalt stellen, sollte das Dessert nicht gleich verwendet werden.

Knapp vor dem Servieren Eiklar mit Kristallzucker gut schaumig schlagen. Mit einem Esslöffel gleichmäßige Nockerl ausstechen und jeweils eines in die Gläser setzen. Mit einem Flambierbrenner die Schneehaube kurz flämmen.

Tipp

Aus dieser Masse lässt sich gut ein ganzer Blechkuchen herstellen – einfach die Zutatenmengen x 5 rechnen!

GLÜHWEINKUCHEN
Zum Mitnehmen

6 Gläser à 290 ml

ZUBEREITUNG

Für den Glühweinkuchen zuerst den **Glühwein** zubereiten. Zunächst mit einem Sparschäler je 3 Streifen Orangenschale und Zitronenschale dünn abziehen. Beiseitegeben. Die Orange und die Zitrone halbieren und auspressen. In einem Topf den Saft der Zitrusfrüchte mit den Schalen, Wein, Zucker und Gewürzen erhitzen, aber nicht aufkochen. Danach für ca. 2 Stunden gut durchziehen lassen. Den Glühwein abseihen.

Für die **Kuchenmasse** Butter und Puderzucker schaumig schlagen. Die Eier aufschlagen und nach und nach unter die Masse mixen. Die Vanilleschote aufschneiden, das Mark herausschaben und dazugeben. Nun Vanillezucker, Schokolade und Glühwein untermengen. Mehl, Backpulver und Maisstärke versieben und zügig unter die Masse heben.
Die Gläser mit Butter ausstreichen, danach die Masse einfüllen.
Im vorgeheizten Backrohr bei 180 °C ca. 1 Stunde backen. Danach überkühlen lassen.

In der Zwischenzeit die rosa **Glasur** zubereiten. Dazu Puderzucker und Glühwein vermischen. Mit einem Löffel gleichmäßig über die Glühweinkuchen verteilen und mit den Haselnüssen bestreuen.

ZUTATEN

Glühwein
200 ml roter Glühwein, siehe Grundrezept S. 23

Kuchenmasse
200 g Butter, zimmerwarm
200 g Puderzucker
3 Eier
½ Vanilleschote (Mark)
60 g Bitterschokolade, fein gerieben
125 ml Glühwein (von oben)
200 g Mehl
1 Msp. Backpulver
2 EL Maisstärke
etwas weiche Butter für die Gläser

Glasur
200 g Puderzucker
3 EL Glühwein (von oben)
20 g Haselnüsse, gehackt und geröstet

Kalte Desserts
im Glas

Lebkuchen-Tiramisu
Vanillekipferlmousse
Zimtpassion
Weiße Kaffeecreme
Espresso-Mascarpone-Creme
Mascarpone-Kakao
Mascarponecreme mit Tonkabohne
Mascarpone-Mango-Creme mit Bourbonvanille
Joghurt mit Früchten und Granola
Apfelstrudel-Dessert
Marmorierte Grießcreme mit Zwetschkenröster
Granatapfel-Grieß-Mousse
Crispy Nougat-Birnen-Creme
Besoffene Liesl
Zitronencreme mit Heidelbeeren
Brombeer-Vanille-Dessert
Cheesecake mit karamellisierten Beeren
Mascarpone-Gervais-Creme mit Karamellnüssen
Weißer Traum
Schokolade-Chili-Mousse

LEBKUCHENTIRAMISU
Mmmhh, Weihnachten!

ZUBEREITUNG

Zuerst den doppelten Espresso mit etwas weniger Wasser als üblich vorbereiten. In jedes Glas eine Lebkuchenscheibe legen und mit dem ausgekühlten Espresso tränken.

Eigelb mit Puderzucker schaumig schlagen. Nach und nach den Mascarpone einrühren. Sahne schaumig schlagen. Die Mascarponecreme mit dem Lebkuchengewürz verrühren und die Schlagsahne unterheben.

Ungefähr die Hälfte der Creme in die Gläser dressieren, jeweils circa 5 Sterne an den Rand legen und mit der übrigen Creme auffüllen.

Das Lebkuchentiramisu für mindestens 2 Stunden in den Kühlschrank geben, damit der Lebkuchen richtig gut weich wird.

4 Gläser à 200 ml

ZUTATEN

1 doppelter Espresso, sehr stark
1 Eigelb
40 g Puderzucker
250 g Mascarpone
150 ml Sahne
1 TL Lebkuchengewürz

pro Glas 1 Lebkuchenscheibe (dem Glasdurchmesser entsprechend)
5–8 Lebkuchensterne für den Rand (fertiger Lebkuchen oder laut Grundrezept S. 19)

VANILLEKIPFERLMOUSSE
Himmlisch leicht und knusprig

6 Gläser à 220 ml

ZUTATEN
3 Eigelb
80 g Puderzucker
6 Blatt Gelatine
125 g Milch
375 g Sahne
200 g Vanillekipferl
(siehe Grundrezept S. 18)
200 g Preiselbeermarmelade

100 g Vanillekipferl für die Deko

ZUBEREITUNG

Eigelb mit Puderzucker schaumig rühren. Gelatine in kaltem Wasser einweichen. Milch aufkochen, über die Eigelbmasse gießen und verrühren. Die Gelatine ausdrücken und dazugeben, gut umrühren, bis sie sich aufgelöst hat.

Sahne aufschlagen und unter die überkühlte, jedoch noch nicht kalte Masse heben. Einen Teil der Vanillekipferl auf dem Glasboden verteilen, darauf circa die Hälfte der Creme. Eine Schicht Preiselbeermarmelade daraufgeben, dann wieder Creme.

Das Dessert mindestens 4 Stunden, am besten aber über Nacht kühlen.

Zum Schluss mit den übrigen Vanillekipferln garnieren.

Tipp
Die Vanillekipferl-Garnitur sollte erst kurz vor dem Servieren aufgelegt werden, damit die Vanillekipferl knusprig bleiben.
Diese Mousse ist locker leicht – himmlisch! Und die zarten Vanillekipferl obenauf sind ein Traum. Es zahlt sich aus, Vanillekipferl extra dafür zu backen!

ZIMTPASSION
Zum Verlieben leicht

6 Gläser à 190 ml

ZUTATEN
50 ml Milch
10 g Zimtrinde
250 g Sahne
200 g weiße Kuvertüre
50 g Milchkuvertüre
1 Pr. Zimt
3 Blatt Gelatine
1 Ei
2 cl Amaretto

ZUBEREITUNG

Zimtrinde in der Milch aufkochen und ca. 10 Minuten ziehen lassen. Sahne steif schlagen und kühl stellen. Die weiße Kuvertüre in kleine Stücke schneiden.

Die Milchkuvertüre in kleine Stücke schneiden und über Wasserbad schmelzen. Zimt dazugeben und gut durchrühren. Die geschmolzene Kuvertüre in ein Papierstanitzel füllen und damit Kreise in die Gläser zeichnen. Kühl stellen.

Die Gelatine in kaltem Wasser einweichen. Das Ei schaumig schlagen. Nun die Zimtrinde aus der Milch entfernen. Die Milch nochmals aufkochen und in das aufgeschlagene Ei einrühren. Die weiße Kuvertüre dazugeben und mit einem Kochlöffel rühren, bis sie sich aufgelöst hat.
Die Gelatine ausdrücken und in dem leicht erwärmten Amaretto einrühren und auflösen. Das Gelatine-Amaretto-Gemisch in die Milchmischung einrühren.
Zum Schluss die Schlagsahne vorsichtig unterheben.

Die Zimtmousse in die vorbereiteten Gläser füllen und mindestens 1 Stunde kühl stellen.

WEISSE KAFFEECREME
Der erste Eindruck zählt!

4 Gläser à 160 ml

ZUBEREITUNG

Milch mit Kaffeebohnen aufkochen und mindestens 10 Minuten ziehen lassen. Gelatine in kaltem Wasser einweichen. Kuvertüre in kleine Stücke schneiden. Milch abseihen und noch ein wenig erwärmen (auf ca. 40 °C). Dann die weiße Kuvertüre dazugeben und rühren, bis sie geschmolzen ist. Gelatine ausdrücken und mit dem Alkohol in die noch warme Milch einrühren.

Die Creme in die Gläser füllen. Für eine besonders schöne – diagonale – Optik, die Gläser schräg in einen leeren Eierkarton stellen und für ca. 3–4 Stunden kühlen.

Danach die Sahne cremig aufschlagen und den Kaffee unterrühren. Nun auf jedes Glas 1 EL von dem Kaffeeschaum geben.

ZUTATEN
200 ml Milch
15 Kaffeebohnen
2 Blatt Gelatine
100 g weiße Kuvertüre
2 cl Creme de Cacao

3 El Wasser
1 kurzer Espresso (= ca. 1 EL), kalt
100 ml Sahne

ESPRESSO-MASCARPONE-CREME
Tiramisu im Glas

4 Gläser à 130 ml

ZUTATEN
*1 doppelter Espresso
(sehr stark)
125 g Mascarpone
100 ml Sahne
30 g Puderzucker
6 Vollkornbiskotten*

ZUBEREITUNG

Zuerst den doppelten Espresso mit etwas weniger Wasser vorbereiten. Sie können auch Löskaffee dafür verwenden.

Die Biskotten in kleine Stücke schneiden.
Mascarpone, Sahne und Puderzucker schaumig schlagen. Die Creme mit 2 Esslöffeln Kaffee verrühren.

Die Hälfte der Biskotten in die vier Gläser aufteilen. Creme in einen Dressiersack füllen, die Hälfte der Creme darauf verteilen, dann den restlichen Kaffee daraufgeben. Jetzt die restliche Creme in die Gläser füllen und mit den übrigen Biskotten bestreuen.

Tipp
Mit Kakaopulver bestreuen.

MASCARPONE-KAKAO
Ein wahrer Seelentröster

6 Gläser à 160 ml

ZUBEREITUNG
Den Kakao mit Zucker und dem heißen Wasser glatt rühren.
Mascarpone mit Sahne und Puderzucker schaumig schlagen.
Die Creme mit 2 EL der Kakaomischung einfärben. Die Masse in einen Dressiersack füllen.

Den restlichen flüssigen Kakao in die Gläser verteilen. Darauf die Creme dressieren – dadurch entstehen besonders schöne Schichten.

Tipp
Mit Schokolinsen oder geraspelter Schokolade dekorieren.

ZUTATEN
250 g Mascarpone
200 ml Sahne
40 g Puderzucker
30 g Kakao
1 TL Zucker
60 g heißes Wasser

MASCARPONECREME MIT TONKABOHNE

Das gewisse Etwas

5 Gläser à 120 ml

ZUTATEN
*125 g Mascarpone
20 g Puderzucker
100 ml Sahne
½ Tonkabohne, gerieben
200 g Marillenröster
(Aprikosenragout),
fertig gekauft oder
Grundrezept siehe S. 15*

*Garnitur
2–3 EL Granola,
siehe Grundrezept S. 25,
oder
Haselnusszwieback,
siehe Grundrezept S. 24*

ZUBEREITUNG
Mascarpone mit Puderzucker und geriebener Tonkabohne schaumig schlagen. Die Sahne dazugeben und weiterschlagen, bis die Creme schaumig ist.
In jedes Glas einen Esslöffel Marillenröster geben, die Creme mit einem Dressiersack gleichmäßig auf dem Röster verteilen, nochmals je einen Esslöffel Röster und die restliche Creme darauf verteilen.

Tipp
Die Tonkabohne hat einen feinen, eleganten Geschmack, der ein wenig an Vanille erinnert. Sie ist etwa in Gewürzgeschäften erhältlich. An ihrer Stelle kann man für dieses Rezept auch Kardamom oder Vanilleschote verwenden.
Wer mag, kann die Creme vor dem Anrichten mit knusprigem Granola bestreuen. Oder – als Hingucker – mit Haselnusszwieback dekorieren.

MASCARPONE-MANGO-CREME MIT BOURBONVANILLE

Fruchtiger Einklang

4 Gläser à 130 ml

ZUBEREITUNG

Mango schälen und in kleine Würfel schneiden. 130 g Mangowürfel mit Passionsfruchtsirup vermischen.

Vanilleschote der Länge nach aufschneiden und das Mark auskratzen.

Mascarpone mit Puderzucker und Vanillemark schaumig schlagen, nach und nach die flüssige Sahne einrühren, bis die Masse schaumig ist.
Die Vanillecreme in einen Dressiersack füllen.

Je 1 EL der Mangomischung in die Gläser geben, die Hälfte der Creme darauf verteilen, dann nochmals Mango und Creme. Mit den übrigen Mangowürfeln abschließen. Kühl stellen.

ZUTATEN
1 Mango
30 g Passionsfruchtsirup (für Cocktails)
½ Vanilleschote (Mark)
125 g Mascarpone
80 g Puderzucker
100 ml Sahne

JOGHURT MIT FRÜCHTEN UND GRANOLA

Säuerlich-erfrischend mit dem nötigen Krisp!

6 Gläser à 130 ml

ZUTATEN
200 g Himbeeren (TK)
500 ml Joghurt 3,6 %
60 g Zucker
½ Vanilleschote (Mark)
1 EL Vanillezucker
(selbst angesetzt)
frische Minze oder
100 g Himbeeren

Garnitur
2–3 EL Granola,
siehe Grundrezept S. 25

ZUBEREITUNG

Himbeeren und Vanillezucker kurz mit der Gabel zerdrücken. Vanilleschote der Länge nach halbieren, das Mark auskratzen und mit dem Zucker zum Joghurt geben. Gut verrühren.

Schichtweise die Joghurt- und die Himbeermasse in die Gläser füllen: Zuerst einen Esslöffel Himbeeren, 1 cm hoch mit Joghurt bedecken und so weiter, bis alles verbraucht ist. Mit Joghurt abschließen.

Zum Schluss mit frischen Himbeeren oder Minze vollenden.

Kurz vor dem Servieren mit knusprigem Granola bestreuen.

APFELSTRUDEL-DESSERT
Klassische Aromen im neuen Gewand

8 Gläser à 130 ml

ZUTATEN
370 g Äpfel
(= ca. 250 g geschält,
entkernt und würfelig
geschnitten)
70 g Semmelbrösel
60 g Butter
25 g Rosinen
30 g Kristallzucker
300 ml Wasser
10 g Zitronensaft
2 Pr. Zimt, gemahlen
40 g Zucker
1 EL Maisstärke
2 cl Rum
125 ml Sahne

ZUBEREITUNG
Die Butter in einer Pfanne zergehen lassen und bei mäßiger Hitze die Semmelbrösel schön goldbraun anrösten. Den Zucker und die Rosinen dazugeben, gut vermischen. Alles aus der Pfanne geben und auskühlen lassen.

In der Zwischenzeit das Wasser mit dem Zitronensaft, Zimt und Zucker zum Kochen bringen. Die Äpfel schälen und in 1 cm große Würfel schneiden und darin weich dünsten.
Die Maisstärke mit 2 EL kaltem Wasser glatt rühren und damit die noch kochenden Äpfel eindicken. Den Rum dazugeben und alles überkühlen lassen.

Die ausgekühlten gerösteten Brösel in den Gläsern verteilen und fest andrücken. Zur Dekoration einen Esslöffel davon zurückbehalten.

Die Äpfel mit sehr wenig Saft gleichmäßig in die Gläser verteilen, etwa 3 EL ebenfalls für die Dekoration beiseitegeben.

Die Sahne aufschlagen und den übrigen eingedickten Apfelsaft unterziehen. Die Creme mit einem Dressiersack auf die Gläser verteilen. Mit den Apfelstücken und den übrigen Bröseln garnieren.

Tipp
Sollten Sie die Brösel besonders knusprig wollen, diese ganz fest in die Gläser drücken und unbedingt auskühlen lassen.

MARMORIERTE GRIESSCREME MIT ZWETSCHKENRÖSTER
Hell-dunkel-cremig!

6 Gläser à 130 ml

ZUBEREITUNG

Die Kuvertüre in kleine Stücke hacken und in eine Schüssel geben.

Milch mit Zucker, Vanillezucker und Orangenabrieb zum Kochen bringen. Den Grieß einrieseln lassen und unter ständigem Rühren sämig einkochen.
Von der Herdplatte nehmen und ungefähr ein Drittel der Masse zur Kuvertüre geben. Gut verrühren, bis sich die Kuvertüre aufgelöst hat.

Beide Grießmassen unter ständigem Rühren auskühlen lassen.

Sahne aufschlagen und unter die dunkle Masse rühren.

Die helle und die dunkle Masse abwechselnd in die Gläser füllen und für die „Marmorierung" eine Gabel oder ein Holzstäbchen vorsichtig durchziehen.

Die Creme mit dem Zwetschkenröster garnieren.

Tipp
Damit die Grießmassen schneller auskühlen, Schüssel bzw. Topf in ein kaltes Wasserbad stellen.

ZUTATEN
100 g Kuvertüre, dunkel
500 ml Milch
60 g Zucker
1 EL Vanillezucker
½ Orange (Abrieb)
70 g Grieß
100 ml Sahne
200 g Zwetschkenröster, fertig gekauft oder siehe Grundrezept S. 14

GRANATAPFEL-GRIESS-MOUSSE
Für süße Träume

4 Gläser à 220 ml

ZUBEREITUNG

Butter mit 70 g Sahne, Vanillezucker, Zucker und Milch zum Kochen bringen. Den Grieß einrieseln lassen und sämig einkochen. Beiseitestellen.

200 ml Sahne steif schlagen und kühl stellen.

Den halben Granatapfel vierteln und die Kerne herauslösen.

Wenn die Grießmasse kühl ist (Raumtemperatur), die geschlagene Sahne unterheben.

Den Boden der Gläser mit Granatapfelsirup bedecken. Die Grießmasse in einen Dressiersack geben und 1 cm hoch aufdressieren, nun wieder eine Schicht Granatapfelsirup mit ein paar frischen Kernen, die letzte Schicht Creme mit Granatapfelkernen garnieren.

Tipp

Bitte hochwertigen Granatapfelsirup ausländischer Herkunft verwenden, da nur dieser wirklich intensiv nach Granatapfel schmeckt. (Jener aus der „Cocktail"-Abteilung im Supermarkt ist nur grellrot und zuckersüß.)
Dieser Sirup eignet sich auch bestens für Salatmarinaden – ich liebe ihn in der pikanten Küche.

ZUTATEN
30 g Butter
70 g Sahne
1 Pkg. Vanillezucker
30 g Zucker
140 ml Milch
25 g Weizengrieß
200 ml Sahne
100 ml Granatapfelsirup
½ Granatapfel, frisch

CRISPY NOUGAT-BIRNEN-CREME
Schicht für Schicht ein Gedicht!

6 Gläser à 125 ml

ZUTATEN
*Birnenragout
(und Birnenchips)
300 g (= ca. 4 kleine)
Birnen
80 g Kristallzucker
20 ml Wasser
2 cl Birnenbrand
½ Vanilleschote (Mark)*

*Cornflakes
60 g Cornflakes
70 g Haselnussnougat*

60 g Rohmarzipan

*200 g Joghurt
½ Zitrone (Saft)
1 Pr. Zimt, gemahlen*

ZUBEREITUNG
Die **Birnen** gut waschen und halbieren. Für eine besonders schöne Deko unmittelbar am Kerngehäuse dünne Scheiben (1 pro Glas) abschneiden. Beiseitegeben.
Die restlichen Birnen entkernen und in 1 x 1 cm kleine Würfel schneiden, ebenfalls beiseitegeben.

Nun für den **Karamell** Kristallzucker mit Wasser zum Kochen bringen und so lange kochen, bis die Masse goldgelb karamellisiert. Mit dem Birnenbrand ablöschen.

Die **Birnenscheiben** eintauchen und auf einem Backblech mit Silikonmatte oder einem Blatt Backpapier nebeneinander auflegen. Ca. 5 Std. bei 80 °C trocknen.

In den übrigen Karamell die **Birnenwürfel** dazugeben, von der Herdplatte nehmen und das Vanillemark unterrühren. Noch einmal aufkochen lassen, damit sich alle Zuckerkristalle auflösen. Kühl stellen.

Den Nougat schmelzen und die Cornflakes einrühren. So lange rühren, bis alle Cornflakes mit Nougat überzogen sind. Auf die 6 Gläser aufteilen (ein wenig für die Garnitur beiseitegeben) und kalt stellen, bis der Nougat fest ist.

Nun den Rohmarzipan in 6 gleich große Portionen teilen und diese in einem Frischhaltebeutel mit dem Rollholz zu kreisrunden, dünnen Plättchen formen. Auf die Cornflakes in die Gläser geben.

2 EL Birnenwürfel mit Joghurt, Zitronensaft und Zimt mit einem Mixstab pürieren.

Die restlichen Birnen auf der Marzipanschicht verteilen. Unmittelbar vor dem Anrichten mit dem Birnenjoghurt bedecken und den Birnenchips und übrigen Nougatcornflakes garnieren.

Tipp
Dieses Dessert schmeckt auch ohne Marzipan köstlich!

BESOFFENE LIESL
Spezialität aus dem Burgenland

6 Gläser à 160 ml mit ca. 3–4 cm ⌀

ZUTATEN
Biskuit
2 Eier
2 EL Paniermehl/ Semmelbrösel
2 EL Zucker

Zimtcreme
200 g Gervais
25 g Vanillezucker
70 g Honig
1 TL Zimt, gemahlen
½ Orange (Saft)
1 Orange für die Deko

200 ml weißer *Glühwein* siehe Grundrezept S. 23, ausgekühlt

ZUBEREITUNG
Eier mit Zucker schaumig schlagen, die Brösel in die Masse einrühren und alles auf ein mit Backtrennpapier ausgelegtes Backblech verstreichen.
Auf der mittleren Schiene bei 200 °C Ober-/Unterhitze 10 Minuten backen.

Das Biskuit mit der Oberseite nach unten auf ein Blatt Backtrennpapier stürzen und das obere Papier abziehen. Danach für jedes Glas ca. 7 Böden ausstechen. (Ausstecher nach der Größe der Gläser wählen.)

Für die Creme alle Zutaten mit einem Schneebesen verrühren. Für die Deko die Orange schälen und in halbe Scheiben schneiden.

Nun in jedes Glas 7 Biskuitböden übereinander einlegen und mit je 3 EL Glühwein tränken. (Sollten die Gläser niedriger, jedoch breiter sein, wird der Durchmesser der Böden größer und die Anzahl der Lagen kleiner.)

Die halbierten Orangenscheiben am Rand einlegen und mit der Zimtcreme garnieren.

Tipp
Wenn es schnell gehen soll, Wein erhitzen, einen Beutel fertige Glühweingewürzmischung dazugeben und laut Packungsanleitung ziehen lassen.

ZITRONENCREME MIT HEIDELBEEREN
Fruchtiges für zwischendurch

6 Gläser à 160 ml

ZUTATEN
250 ml Wasser
130 g Kristallzucker
30 g Butter
35 g Maisstärke
50 g Wasser
2 Eigelb
2 Zitronen (Abrieb)
150 ml Zitronensaft, frisch gepresst

250 g Heidelbeeren
2 Eiweiß
120 g Kristallzucker

Flambierbrenner

ZUBEREITUNG

250 ml Wasser mit Zucker, Butter und Zitronenabrieb in einem Topf zum Kochen bringen. Die Maisstärke mit den 50 g Wasser anrühren und in das kochende Wasser einrühren. Nochmals aufkochen lassen und zur Seite geben.

Nun die Eigelb und den Zitronensaft dazugeben und gut verrühren.

Die Hälfte der Heidelbeeren in den Gläsern aufteilen, die Zitronencreme darauf verteilen, mit den übrigen Heidelbeeren belegen. Kühl stellen.

Das Eiweiß mit der halben Zuckermenge steif schlagen. Den restlichen Zucker dazugeben und noch einmal steif aufschlagen.
Den Eischnee mit einem Dressiersack und einer Sterntülle auf die Heidelbeeren dressieren und mit einem Flambierbrenner abflämmen.

BROMBEER-VANILLE-DESSERT
Echt beerig!

6 Gläser à 160 ml

ZUTATEN
500 ml Milch
150 g Zucker
1 Vanilleschote (Mark)
3 Blatt Gelatine
6 Eigelb (s. Tipp)
30 g Mehl
200 g Brombeeren (TK)

nach Belieben
frische Minze

ZUBEREITUNG
Die Milch mit dem Zucker und dem Vanillemark zum Kochen bringen. Von der Herdplatte nehmen und 5 Minuten ziehen lassen.

Gelatine in kaltem Wasser einweichen. Die Eigelb mit dem Mehl glatt rühren.

Nun die Milch noch einmal aufkochen und das Eigelb-Mehl-Gemisch mit einem Schneebesen und unter ständigem Rühren untermischen. Wieder kurz aufkochen lassen. Das Ganze von der Herdplatte nehmen und die ausgedrückte Gelatine einrühren.

Die Vanillecreme in die Gläser füllen. Im Kühlschrank ca. 2 Stunden kühlen.

Die frischen oder aufgetauten Brombeeren auf der Vanillecreme verteilen, mit etwas Puderzucker bestreuen und mit einem Minzeblatt garnieren.

Tipp
Übriges Eiweiß kann zum Beispiel für das Grundrezept Haselnusszwieback (S. 24) verwendet werden!

CHEESECAKE MIT KARAMELLISIERTEN BEEREN
Like it!

5 Gläser à 160 ml

ZUTATEN
100 g Vollkornbutterkekse
70 g Butter
400 g Frischkäse (80 % Fett)
100 g Puderzucker
½ Vanilleschote (Mark)
1 Zitrone (Saft)

200 g gemischte Beeren (TK)
100 g Zucker
1 Orange (Saft)
½ Vanilleschote (Mark)

ZUBEREITUNG
Für den **Boden** die Vollkornbutterkekse in einen Frischhaltebeutel geben und mit einem Rollholz oder einem Fleischklopfer zerkleinern. Butter schmelzen und mit den Keksbröseln vermischen. Auf einem mit Backpapier belegten Backblech verteilen und im Backrohr bei 160 °C ca. 10 Minuten goldbraun backen.
Brösel 1 cm hoch in die Gläser füllen, festdrücken und auskühlen lassen.

Für die **Creme** Frischkäse, Puderzucker, Vanillemark und Zitronensaft glatt rühren und auf den knusprigen Kuchenbröseln verteilen. Kalt stellen.

Für die **Beerensauce** Zucker in einer trockenen Pfanne karamellisieren, mit dem Orangensaft ablöschen – sofort zur Seite ziehen, da der Zucker beim Ablöschen sehr stark aufschäumt. So lange rühren, bis sich die Zuckerkristalle zur Gänze aufgelöst haben. Die Beeren und das Vanillemark dazugeben und noch einmal aufkochen. Zur Seite stellen und auskühlen lassen.

Den Cheesecake mit den karamellisierten Beeren und eventuell übrigen Bröseln garnieren.

Tipp
Das Tolle an diesem „Cheesecake" ist, dass er (außer der kurzen Backzeit der Brösel) nicht gebacken werden muss und man trotzdem an einen „Real American Cheesecake" nah herankommt! Noch dazu, ganz ohne Eier.
Statt der Beeren eignen sich auch Birnenspalten oder Orangenfilets hervorragend für dieses Dessert.

MASCARPONE-GERVAIS-CREME MIT KARAMELLNÜSSEN

Knackig, knusprig, cremig

6 Gläser à 190 ml

ZUTATEN
Creme
250 g Mascarpone
200 g Gervais natur
1 Pr. Kardamom, gemahlen
1 Pr. Zimt, gemahlen
80 g Honig

Nüsse
100 g Walnüsse oder geschälte Haselnüsse, geröstet
100 g Zucker
30 g Wasser

ZUBEREITUNG

Zunächst einen Teelöffel und ein Blatt Backtrennpapier vorbereiten.

Für die **Karamellnüsse** Wasser mit Kristallzucker zum Kochen bringen und so lange kochen, bis er zu karamellisieren beginnt, sich also leicht goldbraun verfärbt. Nicht mehr umrühren!

Die Nüsse nur kurz mit dem Zucker durchmischen, dann aus der Nussmasse rasch 6 Häufchen (für die Deko) auf das Papier setzen.

Die restlichen Karamellnüsse auf dem Papier verteilen und auskühlen lassen. Danach mit einem großen Messer in kleine Stücke hacken.

Für die **Creme** alle Zutaten gemeinsam langsam mit einem Mixer mixen, bis die Masse leicht schaumig wird. Nun die gehackten Nüsse einrühren und die Creme mit einem Dressiersack in die Gläser dressieren. Kühl stellen.

Kurz vor dem Servieren die Nusshäufchen auf der Creme verteilen.

WEISSER TRAUM

Der burgenländische Hochzeitsklassiker einmal anders

4 flache Gläser à 200 ml

ZUTATEN

Biskuit
3 Eier
90 g Zucker
1 EL Vanillezucker
60 g Mehl
20 g Butter

Vanillepuddingcreme
250 ml Milch
200 g Puderzucker
20 g Vanillepuddingpulver
2 Eigelb
180 g Butter, zimmerwarm

100 g Kokosflocken
20 g Himbeermarmelade

ZUBEREITUNG

Für die **Biskuitböden** ein Backblech mit Backtrennpapier belegen. Backrohr auf 200 °C Ober-/Unterhitze vorheizen.

Eier mit Zucker und Vanillezucker schaumig schlagen. Die Butter schmelzen. Das Mehl und die flüssige Butter in das aufgeschlagene Eigemisch einrühren. Die Biskuitmasse gleichmäßig hoch auf das Backpapier streichen und ca. 10 Minuten goldgelb backen.

Ein Blatt Backtrennpapier mit Kristallzucker bestreuen und das Biskuit mit der Oberseite nach unten daraufstürzen, dann das obere Papier abziehen.
Passend zu den verwendeten Gläsern 8 gleich große Biskuitböden ausstechen.

Für die **Creme** 200 ml Milch mit 100 g Puderzucker zum Kochen bringen. Das Vanillepuddingpulver mit 50 ml Milch anrühren und in die kochende Milch einrühren. Nochmals aufkochen lassen und von der Herdplatte nehmen. Die Eigelb in den noch warmen Pudding einrühren. Auskühlen lassen.

Die weiche Butter mit den weiteren 100 g Puderzucker schaumig aufschlagen. Nach und nach mit einem Handmixer oder einer Küchenmaschine den Pudding einrühren.

Nun die Creme und die Biskuitböden abwechselnd in die Gläser schichten. Zum Schluss mit Creme bedecken und dicht mit Kokosflocken bestreuen. In die Mitte einen Tupfen Himbeermarmelade geben.

SCHOKOLADE-CHILI-MOUSSE
Gibt den Kick!

8 Gläser à 140 ml

ZUTATEN
*200 g Edelbitter-
schokolade 70 %
200 g Sahne
3 Eiweiß
40 g Kristallzucker
1 Pr. Chili, frisch oder
aus der Mühle*

Dekoration
*1 Rippe (= ca. 50 g)
Kochschokolade*

ZUBEREITUNG
Die 50 g Kochschokolade über Wasserbad schmelzen, dann in ein Papierstanitzel füllen und als Deko Streifen ins Glas ziehen.
Die Gläser kühl stellen.

Die 200 g Schokolade in kleine Stücke schneiden und über Wasserbad schmelzen (bei max. 45 °C).

Sahne schaumig schlagen und kühl stellen. Eiweiß mit Zucker schaumig schlagen und die geschmolzene Schokolade vorsichtig unterrühren. Chili dazugeben. Die geschlagene Sahne rasch unterheben.

Nun die Mousse mit einem Dressiersack in die Gläser portionieren.

Tipp
Für die Dekoration mit einem großen Messer von der zimmerwarmen Schokolade Schichten abziehen, sodass sich diese zu kleinen Röllchen formen. Die Mousse damit verzieren.

Geschenke
aus dem Glas

Haselnussmuffins
Granola
Cookies
Cookies mit Brezeln
und Karamell
Haferflockenbusserl
Sesamcrackers
Glühweingewürz
Früchtelebkuchen
Cornflakes-Crackers

HASELNUSSMUFFINS
Herzlich willkommen!

1 „Rex"-Flasche 100

ZUTATEN

Für 12 große Muffinformen oder 1 Muffinblech

400 g Mehl
250 g Puderzucker
50 g gebrannte Haselnüsse, gehackt
1 KL Backpulver

50 g Haselnüsse, gehackt, zum Bestreuen

ZUBEREITUNG

Die trockenen Zutaten – außer den Haselnüssen zum Bestreuen – in die Flasche füllen. Die Deko-Haselnüsse am besten in einem kleinen Cellophanbeutel an die Flasche binden.
Das Rezept auf ein Kärtchen schreiben und gleich dazuhängen. Es lautet:

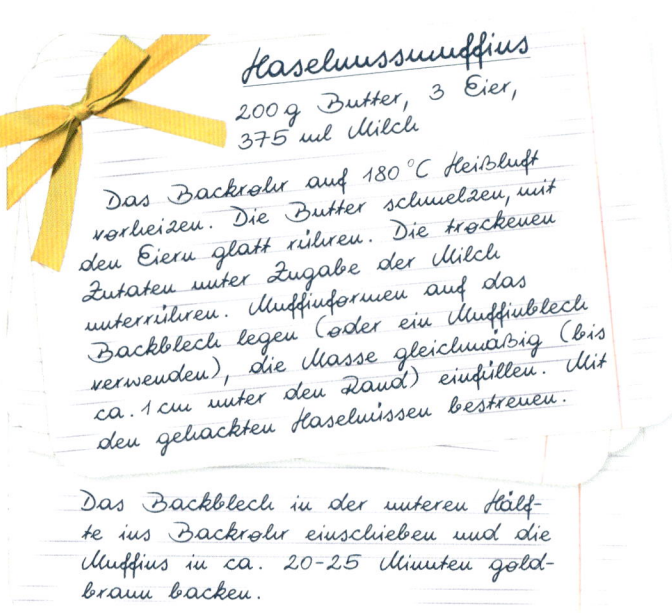

Haselnussmuffins
200 g Butter, 3 Eier, 375 ml Milch

Das Backrohr auf 180 °C Heißluft vorheizen. Die Butter schmelzen, mit den Eiern glatt rühren. Die trockenen Zutaten unter Zugabe der Milch unterrühren. Muffinformen auf das Backblech legen (oder ein Muffinblech verwenden), die Masse gleichmäßig (bis ca. 1 cm unter den Rand) einfüllen. Mit den gehackten Haselnüssen bestreuen.

Das Backblech in der unteren Hälfte ins Backrohr einschieben und die Muffins in ca. 20-25 Minuten goldbraun backen.

Tipp

Ich fülle die Muffinmasse am liebsten mit einem Dressiersack ab. Das geht unheimlich schnell und die Formen bleiben rundherum sauber. Verwendet man Papierkapseln, empfehle ich, sie doppelt zu nehmen, damit der Teig nicht auseinanderläuft.

GRANOLA
Knusper, knusper

4 Gläser à 290 ml

ZUBEREITUNG

Alle Zutaten gut verrühren, in eine beschichtete Pfanne geben und bei mittlerer Hitze unter ständigem Rühren erhitzen. So lange, bis der Zucker schmilzt und karamellisiert.

Danach sofort auf einem Blatt Backpapier verteilen und auskühlen lassen.

Abschließend die Mischung in die Gläser füllen.

Tipp

Rosinen oder Cranberrys können ohne Weiteres durch Nüsse nach Wahl ersetzt werden.
Ich verwende diese knusprige Granola-Mischung am liebsten zum Garnieren von Cremedesserts. Sie geben ihnen erst den richtigen Pep!

ZUTATEN

100 g Rohrohrzucker
60 g Cornflakes
20 Gojibeeren
60 g Mandeln, ganz
40 g Rosinen oder Cranberrys
100 g Walnüsse, grob gehackt
50 g Sesam
100 g Haferflocken
je 1 Pr. Kardamom, Zimt, Piment, gemahlen

Geschenkidee

COOKIES
Nur noch eins …

1 Glas à 1 Liter bzw. für 26 Cookies mit ca. 5 cm Ø

ZUTATEN
250 g brauner Zucker
190 g Mehl
150 g Haferflocken
125 g Rosinen
1 Pr. Salz

125 g Butter, zimmerwarm
1 Ei
30 ml Milch

ZUBEREITUNG
Alle trockenen Zutaten in das Glas füllen. Das Rezept auf ein Kärtchen schreiben und dazubinden.

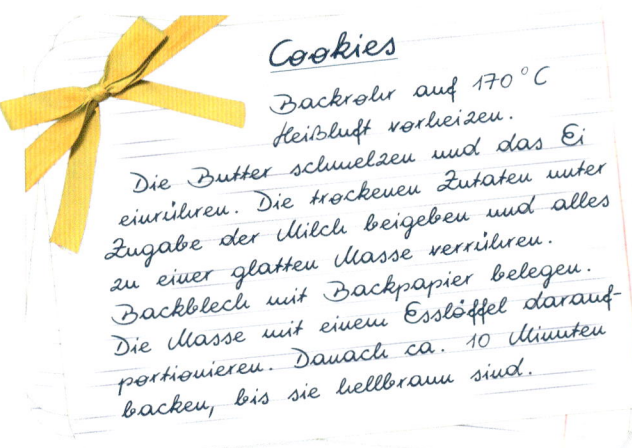

Cookies
Backrohr auf 170 °C Heißluft vorheizen. Die Butter schmelzen und das Ei einrühren. Die trockenen Zutaten unter Zugabe der Milch beigeben und alles zu einer glatten Masse verrühren. Backblech mit Backpapier belegen. Die Masse mit einem Esslöffel darauf portionieren. Danach ca. 10 Minuten backen, bis sie hellbraun sind.

Tipp
Die Rosinen können ohne Weiteres gegen Schokostücke jeglicher „Farbe", Nussstücke oder Gojibeeren ausgetauscht werden.
Sollten die Cookies nicht verschenkt werden, zuerst die zimmerwarme Butter mit dem Zucker schaumig schlagen, danach das Ei mit der Milch einrühren. Und zum Schluss alle anderen Zutaten dazugeben.

COOKIES
MIT BREZELN UND KARAMELL
Süß und salzig

Gläser nach Belieben
Für 26 Cookies
mit ca. 5 cm Ø

ZUTATEN
150 g Butter
200 g brauner Zucker
1 Pr. Salz
1 Ei
190 g Mehl
150 g Knabberbrezeln
125 g Softkaramellen, in kleine Würfel geschnitten

ZUBEREITUNG

Butter mit Zucker schaumig schlagen, Salz dazugeben und das Ei einrühren. Die Brezeln in kleine Stücke hacken. Nun das Mehl und zwei Drittel der Brezeln in den Teig rühren.

Ein Backblech mit Backtrennpapier auslegen. Den Teig mithilfe eines Esslöffels in gleichmäßig großen Häufchen daraufsetzen. Mit den restlichen Brezeln und den Karamellstücken belegen.

Im Backrohr bei 170 °C Heißluft ca. 15 Minuten goldbraun backen.

Auskühlen lassen und schön verpackt verschenken.

HAFERFLOCKENBUSSERL
Machen glücklich

Gläser nach Belieben
Für ca. 20–30 Stück

ZUTATEN
100 g (= ca. 3 Stk.) Eiweiß
100 g Kristallzucker
1 Pr. Salz
100 g feine Haferflocken
1 Pr. Zimt, gemahlen

ZUBEREITUNG
Eiweiß mit Kristallzucker und Salz schaumig schlagen. Das Haferflockenmehl mit dem Zimt in die Schaummasse einrühren.

Mit einem Dressiersack gleichmäßige, 2–3 cm große Busserl auf ein mit Backtrennpapier ausgelegtes Backblech dressieren.

Bei 160 °C ca. 15 Minuten backen.

Nach dem Backen die Busserl vom Blech lösen und in die Gläser schlichten.

Tipp
Liebevoll mit einer Rezeptrolle verpacken.

SESAMCRACKERS
Einmal ohne Backen

1 Glas à 290 ml
Für 26 Taler
mit ca. 5 cm Ø

Selbstgebackenes schmeckt immer – ob man es im Glas oder in einem hübschen Säckchen verpackt, ist Geschmackssache.

ZUTATEN
100 g Sesam
(oder
ganze Haselnüsse,
ganze Kürbiskerne,
Rosinen)
80 g Kristallzucker

ZUBEREITUNG
Alle Zutaten in eine beschichtete Pfanne geben und bei mittlerer Hitze unter ständigem Rühren so lange erhitzen, bis der Zucker schmilzt und karamellisiert.

Nun die Masse mithilfe von Löffel, Ausstecher oder Ring portionieren. Sollte sie dabei zu kalt werden, einfach noch einmal erwärmen und weiter portionieren.

Crackers auskühlen lassen, anschließend verpacken.

Tipp
Das Formen der Crackers braucht etwas Übung: Will man ganz schnell sein, portioniert man die Masse einfach mit einem Löffel auf ein mit Backpapier belegtes Backblech.
Oder man verwendet einen Ausstecher mit einem Durchmesser von ca. 3 cm und drückt die Crackers mit einem Glas oder Korken flach. Und für „Profis" gibt es Ringe – mit denen werden Crackers natürlich perfekt.

GLÜHWEINGEWÜRZ
für Rot- oder Weißwein

1 Glas à 220 ml
Für 1 l Glühwein

ZUTATEN
2 Stück Zimtrinde
8 Gewürznelken
1 Sternanis
160 g Kristallzucker

ZUBEREITUNG

Die Zutaten in ein Glas schlichten und das Rezept auf einem Kärtchen gleich dazubinden. Es geht so:

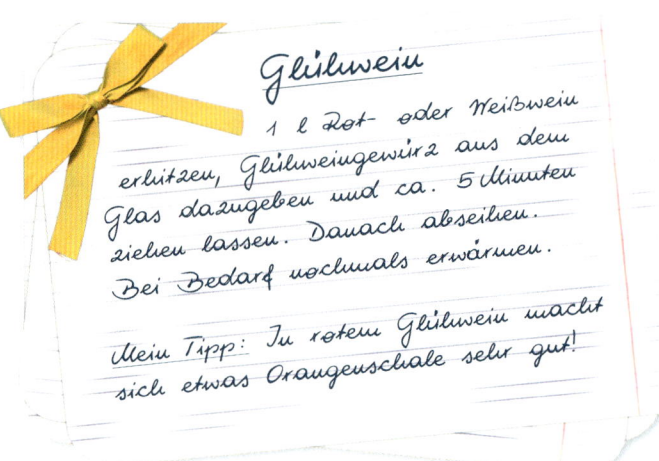

Tipp
Ideal für große Partys!
Übrigens: Zieht der Zimt zu lange, wirkt er wie ein Schlafmittel!

FRÜCHTELEBKUCHEN
Ein beliebter Klassiker

Gläser nach Belieben
Für 1 Backblech

ZUTATEN
Teig
300 g Roggenmehl
180 g Zucker
20 g Lebkuchengewürz
10 g Backpulver
2 EL Honig
2 Eier

Fülle
50 g Aranzini
(gute Qualität!)
50 g Zitronat
(gute Qualität!)
50 g Rosinen
250 g Johannisbeer-
marmelade
50 g Nüsse, gerieben

ZUBEREITUNG
Für den **Lebkuchenteig** Roggenmehl, Zucker, Lebkuchengewürz und Backpulver trocken in einer Schüssel vermischen. Honig und Eier dazugeben und zu einem Teig kneten. 30 Minuten rasten lasten.

In der Zwischenzeit die Fülle vorbereiten. Aranzini, Zitronat, Rosinen fein hacken und die Nüsse sowie die Johannisbeermarmelade dazugeben. Alles glatt rühren.

Ein Blech mit Backtrennpapier vorbereiten.

Nun die Hälfte des Teiges auf einer bemehlten Arbeitsfläche ca. 0,5 cm dick rechteckig ausrollen, auf das vorbereitete Blech geben, die Fülle darauf verteilen. Die zweite Teighälfte gleich groß ausrollen und damit die Fülle bedecken.

Bei 160 °C Heißluft ca. 35 Minuten auf der mittleren Schiene backen.

Den Lebkuchen auskühlen lassen. Danach in 2 x 2 cm große Würfel schneiden, in Gläser schlichten und hübsch verpacken!

Geschenkidee

CORNFLAKES-CRACKERS
Knusprige Versuchung

1 Glas à 850 ml
Ca. 20 Crackers

ZUTATEN

100 g Cornflakes
50 g Kuvertüre
kleine Papierkapseln

ZUBEREITUNG

Cornflakes in das Glas füllen. Die Kuvertüre hacken und darauf verteilen. Glas verschließen, einige weihnachtliche Papierkapseln daranhängen. Das Rezept auf ein Kärtchen schreiben und dazuhängen.

Anleitung für selbst gemachte Cornflakes-Crackers:

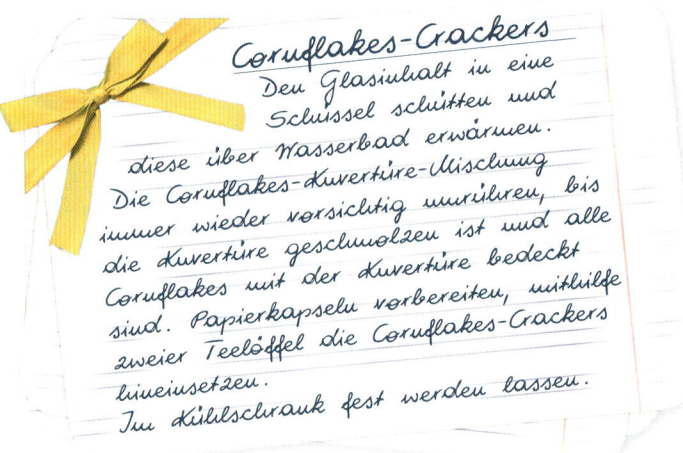

Cornflakes-Crackers
Den Glasinhalt in eine Schüssel schütten und diese über Wasserbad erwärmen. Die Cornflakes-Kuvertüre-Mischung immer wieder vorsichtig umrühren, bis die Kuvertüre geschmolzen ist und alle Cornflakes mit der Kuvertüre bedeckt sind. Papierkapseln vorbereiten, mithilfe zweier Teelöffel die Cornflakes-Crackers hineinsetzen. Im Kühlschrank fest werden lassen.

Tipp

Besonders hübsch sehen die Crackers aus, wenn man sie dreifärbig zubereitet: mit weißer Kuvertüre, Milchkuvertüre und dunkler Kuvertüre.
Statt der Cornflakes können auch gestiftelte Mandeln oder geschälte, ganze Haselnüsse verwendet werden. Die Nüsse sollten übrigens immer geröstet werden, da ihr Geschmack besser zur Geltung kommt. Wer möchte, kann die Cornflakes-Crackers auch schon fertigstellen und hübsch verpackt verschenken!

REGISTER
Rezepte

Apfelmus	16
Apfelstrudel-Dessert	92
Apfelstrudel	36
Bananenkuchen	66
Becherkuchen	60
Birnen-Nougat-Soufflé-pudding	41
Bratapfel mit Zimtsabayon	33
Brombeer-Vanille-Dessert	101
Brownies	55
Besoffene Liesl	98
Cheesecake mit karamellisierten Beeren	102
Cheesecake mit Weichseln	72
Cookieauflauf mit Vanilleparfait und Karamellsauce	34
Cookies	114
Cookies mit Brezeln und Karamell	116
Cornflakes-Crackers	122
Couscous mit Honig und Berberitze	42
Crispy Nougat-Birnen-Creme	96
Espresso-Mascarpone-Creme	84
Früchtebrot	69
Früchtelebkuchen	121

Gewürzkuchen mit Datteln und Rosinen	58
Glühwein	23
Glühweingewürz	120
Glühweinkuchen	75
Granatapfel-Grieß-Mousse	95
Granola	25
Granola	113
Gratinierte Weichseln mit Kardamom	35
Haferflockenbusserl	117
Haselnussmuffins	110
Haselnusszwieback	24
Heiße Schokolade	38
Holunderblütenmus 1	17
Holunderblütenmus 2	17
Joghurt mit Früchten und Granola	90
Kaiserschmarren	30
Karamellsauce	21
Kärntner Reindling	54
Karottenkuchen mit Gervaiscreme	64
Kürbiskernölkuchen	63
Linzer Torte	70
Lebkuchenauflauf	28
Lebkuchenteig	19
Lebkuchen-Tiramisu	79

Marillenröster (Aprikosenragout)	15	Schokogermteigauflauf mit Weichseln	39
Marmorgugelhupf	57	Schokoladensauce 1	20
Marmorierte Grießcreme mit Zwetschkenröster	93	Schokoladensauce 2	20
		Schoko-Orangen-Traum	48
Maronikuchen mit Canache	67	Sesamcrackers	118
Mascarponecreme mit Tonkabohne	88	Topfen-Dirndl-Kuchen	52
Mascarpone-Gervais-Creme mit Karamellnüssen	104	Topfen-Pistazien-Auflauf	43
Mascarpone-Kakao	87	Vanillekipferl	18
Mascarpone-Mango-Creme mit Bourbonvanille	89	Vanillekipferlmousse	80
Mohn-Powidl-Kuchen	61	Weiße Kaffeecreme	83
		Weißer Traum	105
Red Velvet	71		
Ribiselkuchen	74	Zimtpassion	82
Ricotta-Heidelbeeren-Auflauf	47	Zitronencreme mit Heidelbeeren	100
Rumtopf mit Gewürztraminerschaum	31	Zwetschken-Mohn-Auflauf	44
		Zwetschkenröster (Zwetschgenragout)	14
Schokolade-Chili-Mousse	107		

FESTLICHER GENUSS
für die schönste Zeit des Jahres

Weihnachten – das Fest der Stille? Nicht für die Hochzeitsbäckerinnen im Burgenland! Sie verraten ihre süßen weihnachtlichen Backgeheimnisse, präsentieren traditionelle Rezepte sowie frische Ideen und bescheren festliche Köstlichkeiten – einmal mehr geschmackvoll in Wort und Bild festgehalten und liebevoll aufbereitet.

Bernhard Wieser
Michael Rathmayer
Weihnachten mit den Burgenländischen Hochzeitsbäckerinnen
Durchgängig farbig,
19 x 24,5 cm, € 24,90
ISBN 978-3-86431-734-0

Pichler

DIE AUTORIN

Christine Egger, geb. 1971, ist Konditormeisterin und Spitzenpatissière. Sie bildet in der Wiener Hotel- und Tourismusschule Modul den Gastronomienachwuchs aus. Ihr Know-how stellt sie auch gerne in Form von Koch- und Backworkshops oder über diverse Printmedien zur Verfügung.

STYRIA BUCHVERLAGE

Wien – Graz – Klagenfurt
© 2017 by Pichler Verlag
in der Verlagsgruppe Styria GmbH & Co KG
Alle Rechte vorbehalten.
ISBN 978-3-222-14010-5

Bücher aus der Verlagsgruppe Styria gibt es
in jeder Buchhandlung und im Online-Shop
www.styriabooks.at

Coverfoto und sämtliche Abbildungen: Theresa Schrems
außer S. 2: Fotolia/Natalilia; S. 7: Fotolia/aamulya; S. 126: Fotolia/contrse.
S. 8: Shutterstock/AnjelikaGr; S. 22 Shutterstock/Julie208;
S. 46 Shutterstock/TorriPhoto; S. 49 Fotolia/Printemps;
S. 85: Shutterstock/Liliya Kandrashevich; S. 99: Shutterstock/Elena Veselova;
S. 183: Shutterstock/natashamam. S. 12 re. o, u.: Michael Rathmayer.
S. 56, 62: Nicole Heiling.
Cover- und Buchgestaltung: Maria Schuster
Lektorat: Nicole Richter

Druck und Bindung: Finidr
Printed in the EU
7 6 5 4 3 2 1